生花を超えた魔法の花色

世界で一番美しいドライフラワー

ドライフラワーアーティスト
takako

主婦と生活社

prologue

ドライフラワーを作るとき、ずっと生花の色合いを再現するために研究してきました。誰に言われたわけでもないのに、ずっと生花が一番美しいと思い込んでいたのです。でも、いつからかそんな考えに違和感を覚えて、生花を目指すことをやめました。

ある人にとっては生花が一番だし、ある人にとってはプリザーブドフラワーが一番だろうし、またある人にとってはアーティフィシャルフラワーが一番だと思います。

私にとっては、それがたまたまドライフラワーだったということ。それでいいのだと、今は胸を張って思えるようになりました。

自分が好きなものをそのまま受け入れることができるようになったとき、不思議と、ありのままの自分のことも受け入れることができるようになった気がしています。

「生花を超えた魔法の花色」という書名のフレーズは、生花やドライフラワーというカテゴリーを超えて見ても美しい、色とりどりの花の世界をご紹介したいという思いを込めました。

ドライフラワーアーティスト takako

contents

いっさい着色をしていない生花を乾燥させたドライフラワー。なかには、フレッシュな状態よりも発色が濃く、鮮やかになるものもあります。乾燥させると変化するのもまた、ドライフラワーの面白さ。植物の不思議でもあります。

世界で一番美しいドライフラワー

1
世界は幸せな色に満ちています

地球上には、数えきれないほどの色があります。
なかでも自然界にある色彩は、奇跡のような
偶然と必然の掛け合わせで生まれたもの。
私は、すべての色に幸せを感じています。

きれいに仕上がった
花は花びら一枚にも
色の鮮やかさが
とどまっています

4　3　1
5　　　2

1・2 内側の花びらまで、しっかりと色が残っているので「まるで生花のよう」と、よくいわれるシャクヤク。上手に乾燥させれば1年ほどは色もちしますし、大ぶりで見栄えもするので挑戦してほしい品種です。

3 多くの種類がありますが、縁がピンクの白いバラを美しく仕上げるためには、とにかく素早く乾かすことが重要です。バラを上手に乾燥させるコツは32ページでご紹介していますので、いろいろな種類でお試しください。

4・5 オレンジと黄色の濃淡が絶妙なバラ。まるで計算されたかのような見事な配色だと思いませんか？　こうした色に触れるたび、人を魅了する花の神秘を感じ、私はそれをより長く楽しめる工夫をしたいと願うのです。

Red & Pink

赤とピンク

自然界にあふれる美しい色の数々を、そのままに

まずはピンクの花からドライフラワー作りの一歩を踏み出してみてください。特に濃いピンク色は初心者さんでも成功しやすいものが多く、使うだけで可愛く見えちゃう魔法の色です。赤の花をきれいに乾かせるようになったら、それはもうドライフラワーのマスター。締め色にも使えて、作品のスパイスになりますね。

スタンダードな赤いバラは、お祝いなどでいただく機会の多い花。上手に乾かせたら素敵な記念になりますね(84ページ)。

コーラル系のシャクヤクは、乾かすのがやや難しいですが、色もちがよく華やか。右の写真左上の大ぶりな花です(80ページ)。

特徴的な花姿のベロニカ。クラフトの素材としても秀逸ですが、インテリアでも目を引きます(81ページ)。

鮮やかなまま乾かすのが難しい赤でも、カイザイクなら大丈夫。色もちもよく、クラフトにもってこい(75ページ)。

センニチコウは、手軽にドライフラワーにできる優れもの。まずはトライしてみましょう(74ページ)。

深い赤になるノバラの実。小さな実がサンゴのようで愛らしく、秋冬の季節感を出すアクセントにもぴったりです。

Blue & Purple

青と紫

大人っぽい作品にははずせない青。碧、蒼、などたくさんの漢字があるように日本人は青に憧れをもっていると思います。そして、乾燥させやすく色もちがよい種類が多いのも青。紫は、一年じゅう人気で、和洋どちらも表現できる不思議な色。ちなみに私は小さいころ、紫＝夕焼け色と思っていて、一番好きな色でした。

品のある和のイメージのリンドウですが、鮮やかな紫色に仕上がるので、青ともピンクとも相性抜群(36ページ)。

青系のラクスパーは、比較的簡単にできる種類。小花がたくさんついているので、スワッグにも向いています(78ページ)。

キキョウをきれいに発色させられたら、涼やかな青がとても映えます。生花との形が変わるのも面白いですね(85ページ)。

花好きな方に特に人気の高いアジサイは、作品作りに重宝します。大きいままでも、小さく切り離して使えるのも便利(34ページ)。

ピンク色とイメージが大きく異なる青のベロニカ。スタイリッシュな印象で、エッジのきいた作品に似合います(81ページ)。

愛らしい形状と紫色が唯一無二。わりと手軽に乾かせるルリタマアザミは、同色系のなかでも個性が出ます(75ページ)。

White & Green

白と緑

純粋無垢な色・白。単色でも美しいけれど、少しくすんだ色合いの花材と合わせてみると、たちまち透明感がよみがえってくるから不思議。それが白のもつ効果です。なごみカラーのグリーンは、迷ったら使えば間違いのない万能カラー。色と色をつないでくれる名脇役でもあります。私は中和色としてよく使っています。

ドライフラワーとしては珍しく、さわやかな白さがある木の実は、ナンキンハゼ。ほどよいアクセントになります。

コロンとした可愛らしい形なのに、ニュアンスカラーのスカビオサ。真っ白のなかに加えると陰影が表現できます。

グリーン系のトルコキキョウ。上手に仕上がると、こんなにも鮮やかに！　モダンにも、ナチュラルにもおすすめ(86ページ)。

純白の穂のようなシルバーキャット。シルバーリーフとの相性もよく、ブーケにするのにもおすすめです。

リースなどのベースとしても役立つカニクサ。細い葉が繊細で、どんな花材も引き立ててくれるので、私のお気に入り。

繊細な小花のタタリカ。脇役になりがちですが、合わせやすく、とても丈夫な花材に。挑戦してほしい品種です。

Yellow & Orange

黄とオレンジ

黄色とオレンジのビタミンカラーは、華やかさを演出するのには欠かせません。ながめているだけで、明るい気分になりませんか？　鮮やかに発色させるのに難しい品種もありますが、上手にできたらカラーバリエーションが格段に広がります。74ページからの花図鑑をご参考に、ぜひ挑戦してみてください！

Yellow & Orange

マリーゴールドも、こんなにきれいなドライフラワーに。ビビッドなオレンジなら、これに限ります（81ページ）。

黄色のシャクヤクは、クリームがかったやさしい色に仕上がり、色もちもいい。中間色として活躍する品種です。

スターチスは、初心者さん向けの花。こちらはハイブリッドスターチスの黄色。可憐な小花が特徴です（78ページ）。

小ぶりで発色の鮮やかなスプレーバラは、アクセントカラーに最適。好みの色が手に入ったら、ぜひお試しを（78ページ）。

こちらも乾燥させるのに向いている、イモーテル。実もののような丸いフォルムがキュートで色もちも抜群！

ウォームカラーに仕上がるオレンジ色のケイトウ。モダンなアレンジメントに使うのもおすすめです（78ページ）。

Brown & Black

茶と黒

あたたかみのある締め色として使える茶色。大地の色だから、何色とでもなじみます。そして、どこかおいしそうな作品に見えるんです。黒い花材はとても貴重。花よりも実ものが多く、絶対的な締め色です。たくさん使うとハードでユニセックスな感じに、少しだけ使うとスタイリッシュさが生まれるので、腕の見せどころ。

モダンな造形で黒炭のオブジェのようなハスの実。ちょっと上級者向けですが、決まるととてもおしゃれです。

紫色のカラーを乾かすと、チョコレートのような深い色合いに。締め色になる貴重な花です(86ページ)。

黒い実ものは、カッコよさも可愛らしさも表現できる優秀な素材です。こちらはシャリンバイの実。

ベールナッツは実を輪切りにしたドライ。こんな素材が入ると、“おいしそうな”作品になるのです。

ひらりとした鞘に入ったのギンネムの実は、アレンジメントに加えると動きが出て大人の雰囲気です。

みずみずしいザクロの実も、乾燥させるとポイント使いに重宝します。ワイヤリングの方法は57ページでご紹介。

「七色星花®」について

ドライフラワーアーティスト

takako

自由に花材を選ぶ単発クラスが人気。リース円形Sサイズ￥8000〜。ドライフラワー作りを本格的に学ぶ「七色星花®」研究クラス、ディプロマ取得クラスもあり。詳細はインスタグラム@ajitosaba、メールmaitakachan@icloud.comまで。

「七色星花」＝ナナイロホシカは、私が作るドライフラワーの名称です。ドライフラワーを漢字にすると「干し花」ですが、「干」を地球の「星」、基本色をイメージさせる虹を表す「七色」で〝地球という色にあふれた星に咲いた花〟という意味を込めて名づけました。

「こんなに鮮やかなのは、花に着色しているのでは？」と、よく聞かれます。答えはＮＯ。着色ではなく、天然の花や葉の色を美しく発色させています。

　ドライフラワーに携わるようになってから10年。当初は今のような発色にいたらず、何度も失敗しました。確かに生花はみずみずしく美しいし、プリザーブドフラワーやアーティフィシャルフラワーの品質は素晴らしく、安定しています。けれど、ドライフラワーには、ドライフラワーにしか表現できない魅力がある。とても繊細な素材ではありますが、それゆえに感じる美しさもある。実は、欠点とは克服すべきものではなく、生かすものなのでは？　そう思ったら、たちまちすべてに大きな可能性を感じはじめました。

　乾燥させる前の処理やタイミングを、植物の特性に合わせて実験し、鮮やかに発色する方法を生み出していきました。現在も研究は続き、よりよい手法をアップデートしています。

　そして２０２３年夏、「七色星花」の特許を取得。どこにもない独自の技術であることが認められました。ドライフラワーは、枯れた花ではなく、新たな命を吹き込まれた花——。そう思って、心を込めて作っています。

世界で一番美しいドライフラワー

2

ドライフラワーで楽しむインテリア

教室も兼ねた自宅はいつも花にあふれています。
ドライフラワーの楽しみ方は生花と変わりません。
リースなどを作らなくても大丈夫！
気軽にインテリアに生かす方法をごらんください。

自宅から ドライフラワーの 魅力を発信

2　1
3

1 教室にもしているダイニング。ここにあるのは、すべてドライフラワー。茎を切った花首は大きなガラス瓶に入れて楽しみます。2 乾燥も兼ねて、天井からたくさん吊り下げているのも、わが家の日常。3 二段トレイにあしらえば、華やかなおもてなしに。ポプリにしても。

「花に囲まれた暮らしをしたい」そう思っても、生花はいつかしおれます。それなら、ドライフラワーにして長もちさせよう。それが私の出発点。今では、リースやガーランドの作品が壁を埋め、レッスン用の花材で常に花にあふれた部屋になりました。

　ドライフラワーのメリットは、素材として雑貨とも組み合わせられること。照明に取り付けたり、瓶の中に閉じ込めてしまえるのも乾燥しているからこそ。季節の異なる花を一年じゅう飾れるのは、ドライフラワーならではの醍《だい》醐《ご》味《み》。

　生花で楽しんで、干してまた楽しんで……長く「花のある暮らし」を送れたらと願っています。

西洋シャクヤクは上品な雰囲気。大きな花瓶
がないなら、小瓶に挿してトレイにまとめて。

必ずしも何かを作る必要はありません。
生花と同様に気軽に、手軽に飾ってください。
花に満ちあふれた住まいを
長く楽しむことができるのも
ドライフラワーの魅力です。

2 1

4 3

1 鏡にのせると優雅なディスプレイに。カットしたり落ちてしまった花材もこうして活躍させます。**2** 好きな色を同色系でまとめるのもおすすめ。**3・4** きれいに仕上がった花が並ぶと、お花屋さんのよう。アレンジメントの出番待ち。

花器に飾って楽しんだら
手近な雑貨にあしらってみるのも
おすすめです。

一年じゅう花に囲まれていても、私はいつも
花の色彩の豊富さに感動してしまいます。

2　1
3

1 シャンデリアにあしらえばいっそうエレガント。ドライフラワーはワイヤリング（57ページ参照）して取り付けています。

2 木箱にフローラルフォームを敷き詰め、ドライフラワーをすき間なく差し込めば、小さなお花畑が完成します。

3 自然素材同士のバスケットとドライフラワーは、好相性。無造作に入れ込むだけで絵になる可愛さです。

庭で育てている植物も
ドライフラワーに

10年前、庭の花から始めたドライフラワー作り。
今では試作用を含めた花材を兼ねて
40種類以上の植物を育てています。

1一年草は苗を植えて育てています。黄色い花はマリーゴールド。2赤は葉ケイトウ。右のシルバーリーフはハツユキソウ。たくさんの種類を育てたくて、ぎゅうぎゅう詰めに。3葉が生い茂っている夏の庭の様子。

4 色濃く咲くのは夏の花の代表、ブーゲンビリア。**5** 小さな星がちりばめられたようなペンタス。草花ではなく樹木なので毎年咲くのがうれしい。**6** お花屋さんでは手に入りにくいけど、アレンジメントに欠かせないリーフ類を多めに育てています。**7** 細葉がとにかく使い勝手がよく、ないと困るキンポウジュ。7本植えています。**8** ユーカリ・ポポラスは10年選手。**9** サントリナも庭で育てていると、役立つ品種。ほかにも、何種類ものハーブを育成中。

世界で一番美しいドライフラワー

3

初心者さんでもできる

鮮やかなドライフラワーの作り方

「七色星花®」を作る秘訣は何？
その質問にお答えしましょう。
今までの研究成果を大公開します！

基本の作り方

花をいい状態にする

まずは水揚げをして元気な状態に戻してから干す作業に入ること。元気がないまま干すと、あまりきれいに乾きません。

束ねる

花は２～３本ずつ輪ゴムで束ね、花の顔がぶつからないようにずらすのが大切です。

乾燥させる

干すときは、なるべく高い所に吊り下げて。洗濯物を干すハンガーなどが便利です。

基本の乾燥方法

湿度による劣化について

湿度40%以下の環境だと、どんなドライフラワーもほとんど劣化しません。それゆえに秋冬はドライフラワーを作りやすい時期です。湿度50%を超えると、弱い花の劣化スピードが上がります。湿度60%を超えると、多くは劣化スピードが上がります。そのため、私は梅雨時期には強い品種しか扱わないようにしています。湿度70%を超えると、急激に花が劣化してしまいます。色が抜けるだけでなく、形状も維持できなくなり、さらに湿度が高くなると、カビが発生する場合も。もし、大切なドライフラワーが雨などで大量に湿気を吸ってしまったら、すぐにエアコンが効いた部屋で再乾燥させてください。この対応が早ければ早いほど、ドライフラワーを救済できます。

乾燥スピードを早める工夫

水分を抜くのが早ければ早いほど鮮やかな色になるので、ちょっとした工夫が必要です。次のページから私が発見した方法を解説していきます。

乾燥させるタイミングを見極める

色をきれいに出すポイントは、干しどきを見極めることです。実は、これが一番大事。詳しくは花図鑑(74ページ～)でもご紹介しています。

湿度は低いほどよい

湿度はドライフラワーの天敵です！　年間通して湿度は40%以下が理想ですが、梅雨時期はなかなか難しいのが現実。わが家では、梅雨時期の湿度はエアコンや除湿機を使って60%程度になれば、OKとしています。

室温について

室温に関しては、あまり神経質にならなくても大丈夫です。低くても高くてもドライフラワーのもちにはそこまで影響はありません。ちなみにわが家の場合は、冬は20度前後、夏は25度前後になっていることが多いです。

紫外線について

「日が当たる部屋はドライフラワーにとってよくないのか？」と聞かれます。紫外線の影響は確かにありますが、これもそれほど神経質にならなくても大丈夫。ただし、紫外線の影響を受けやすい黄色系や薄い色の花は、日が当たりやすい窓際には置きません。窓際に置いていいのは、濃い紫、濃いピンク、赤系、ブルー系など、比較的日光に強い花です。例外もありますので、様子を見て飾る場所も変えてみてください。

一年じゅう手に入るバラを
ドライフラワーにする

お花屋さんで買ってきた状態の切り花。このまま干さず、ひと手間かけてベストな状態にしてからスタート。

1 余分な葉とトゲを落とす

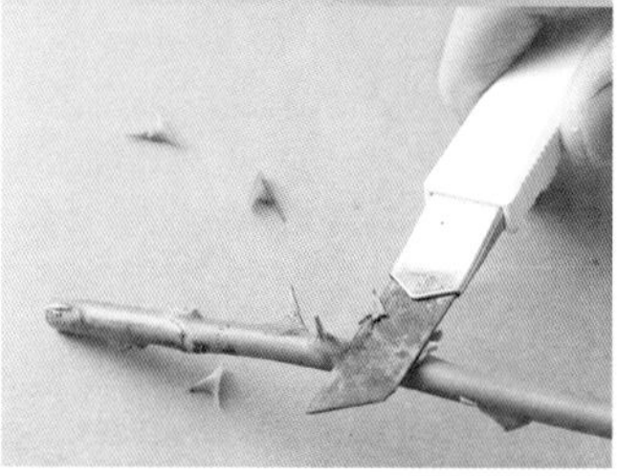

花の近くの葉を数枚のみ残し、残りの葉とトゲをカッターで切り落とす。

2 茎を切って水揚げ

切り花の栄養剤を入れた水の中で茎を切り、水揚げする。水揚げして元気に開花するのを待つ。

栄養剤で活性化させて、元気な状態に戻してから乾かすのが基本。

3 茎の根元を削る

干す直前に花首の茎の根元をよく切れるカッターで薄く削り取る。これで2～3日乾燥スピードが速まる。

4 吊るして乾燥させる

ひもで天井から吊り下げる。なるべく高い場所が乾きやすい。梅雨時期はエアコンが効いた部屋に干す。

茎の根元を削った結果

右が削って乾燥、左がそのまま乾燥させたバラ。乾燥条件は4月ごろのバラで湿度50～60％、気温25度前後。右が４日、左が６日程度で乾燥。削った場合は発色が１～２トーンよい。

乾きやすいバラには特徴がある。開花前、寸胴形(右)のバラを干すと花びら一枚一枚がきれいに縮み、ボリュームのある形に。横から見てカーブの強いシルエットのバラ(左)は、乾燥しにくく失敗しやすい。バラの横顔をチェックすること。

Point

きれいに仕上がるバラの選び方

×硬い蕾は乾燥しにくい

○きれいに開いて
乾燥しやすい

シリカゲルを利用する

1

バラの形をきれいに維持したい場合は、シリカゲル(乾燥剤)を使う。

2

最初にガクをつけ根ぎりぎりのラインで切り離す。シリカゲルを使う場合でも乾燥を早める作業は大事。

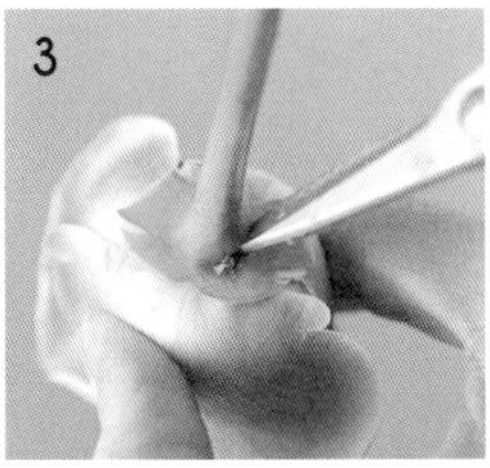

3

ガクと茎のつけ根にハサミの先を押し当てぐるりと一周切り込みを入れる。深めに入れるのがポイント。

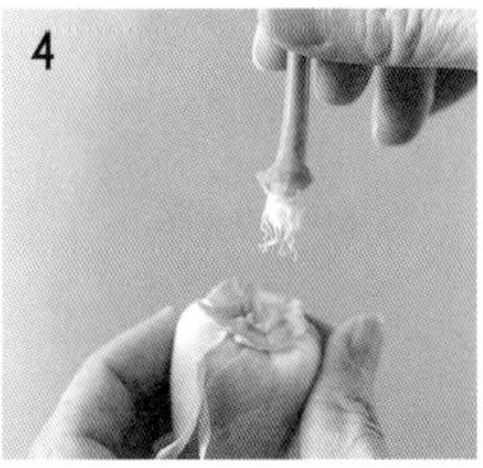

4

茎をくるくるひねって動かす。子房(後に実になる部分)が一緒にくっついてスポッと抜けたら成功。

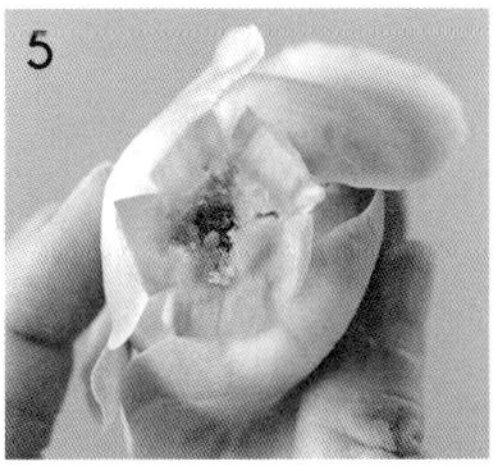

5

子房が抜けると、子房にたまっている蜜も減らせるので茶色に変色しにくくなる。

6

シリカゲルを入れた容器を用意し、子房が抜けたところにシリカゲルを詰めて花を上向きに置く。

7

シリカゲルに花を完全に埋め込む。写真のように出ていると、そこだけ色が悪くなる。1週間程度で完成。

目からウロコのポイント満載！
アジサイをドライフラワーにする

干すタイミングが重要

咲いてしばらくすると、退色してくるが、ここでもまだカットしないこと。退色してからも枯らさないように水をあげ続けると、再び色づいて秋色アジサイになる。庭に咲いているアジサイも同様に。

咲きたてのきれいな状態でカットしないこと。この状態でドライフラワーにすると縮れてしまうので、水に入れて咲かせ続ける。

秋色アジサイの特徴

完成したドライフラワー

秋色アジサイになって1～2週間してからカットすると、きれいなドライフラワーになることが多い(右上の写真の乾燥後)。

2

花びらに赤い斑点が現れてきたら、乾燥させるグッドタイミング。

1

干しどきではないと、花びらが縮れてしまうが、干しどきになると、枯れても花びらの形が残っている。

より美しいドライフラワーにするためには？

アジサイは咲きながら色が変わる花。この場合なら、水色の花びらがもともとの色。全部緑色の秋色アジサイに変わるまで咲かせ続ける。ちなみに、濃い青のアジサイは青緑系に、濃いピンク系はパープル系に、白・薄ピンク・水色の薄い色合いなら薄い緑色のドライフラワーになる傾向が。

内側までしっかり日に当てる

アジサイは均一に秋色アジサイにならない。表面の花びらは秋色に変化していても、内側の花びらはまだ若いことが。咲いている状態のときに、ときどき手で花びらの重なりをほぐして、内側にうもれている若い花びらにまで日が当たるようにするといい。

ボリュームのある
ミモザのドライフラワーの作り方

1 品種選び

※ミモザとはアカシアの花のこと。
ミモザという植物はありません。

おすすめ 1

パールアカシア（丸葉アカシア）

花粒大きめ。黄色が濃く色もちがよい。国産、輸入両方ある。

おすすめ 2

ミランドール

花粒がとても大きく色も濃い。色もちはふつう。輸入品が主。葉は濃いグリーン。

おすすめ 3

銀葉アカシア

花粒の大きさはパールアカシアと同じくらいだが、色は上の２つと比べるとやや薄い黄色。国産ミモザで最もポピュラーな品種。やや遅咲き。色もちは最も劣る。葉は細かいシルバーリーフだが、非常に散りやすいので扱いが難しい。

しっかり咲かせてから干したパールアカシアの花のドライフラワーは、１年たっても色がけっこう残っている。※平均湿度50%程度（夏場は60%程度）の部屋で段ボールの中に保管した場合。

2 しっかり咲かせる

ドライフラワーになってもボリュームダウンさせないためには、ふわふわの花粉が出てくるまでしっかり咲かせ、その状態を３日程度維持してから、素早く乾かすことが重要。※乾燥時に蒸れるとすぐ茶色くなってしまうので、束のまま干さないこと。

満開の状態

ミモザをしっかり咲かせるには

❶水揚げには必ず栄養剤を入れる。糖分を好むので、通常の濃度より少し濃いめ（1.5倍くらい）にしてもよい。バラ用の切り花栄養剤を使ってもOK。
※開花している花からは開花ホルモンが出ているので、蕾と一緒に置いておくと咲きやすくなる。
❷寒い場所だと開花が遅れるので、暖かい室内に置く。ぬるま湯を使ってもよい。
❸蕾しかない枝は咲かせるのが難しいので、半分くらいは咲いている枝を選ぶ。
❹乾燥すると蕾が開かなくなってしまうので、エアコンの風などに気をつける。あまりに乾燥がひどいときは蕾を霧吹きなどで湿らせるのもよい。
※乾燥対策として余分な下葉は落とすようにする。
❺蒸れると茶色くなるので花瓶に詰め込みすぎない。

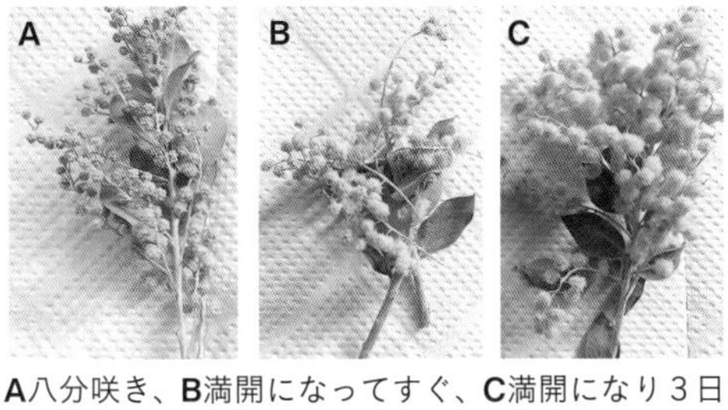

A八分咲き、**B**満開になってすぐ、**C**満開になり３日ほどいい状態を維持してから乾燥させたもの。

乾燥スピードが上がり鮮やかに仕上がる！花の子房を取り除く

カーネーション

ドライフラワーにするとボリュームが下がりやすいので、大きいサイズの花を選んで。写真のバイカラーは、表情豊かになるのでおすすめ。

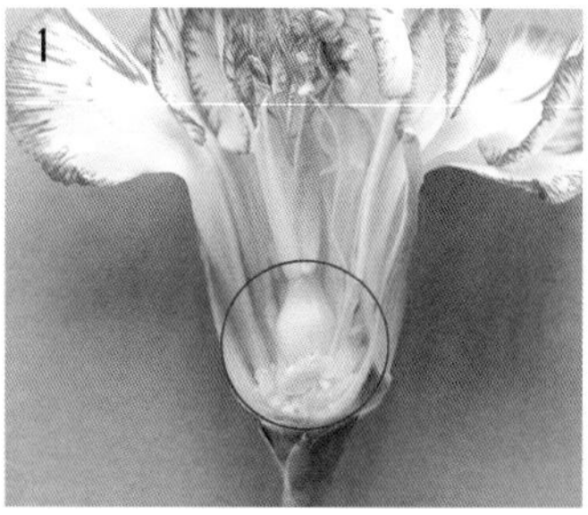

花のつけ根の膨らんだ白い部分が乾燥の大敵、蜜を含んだ子房。蜜があるまま乾かすと茶色に変色しやすい。

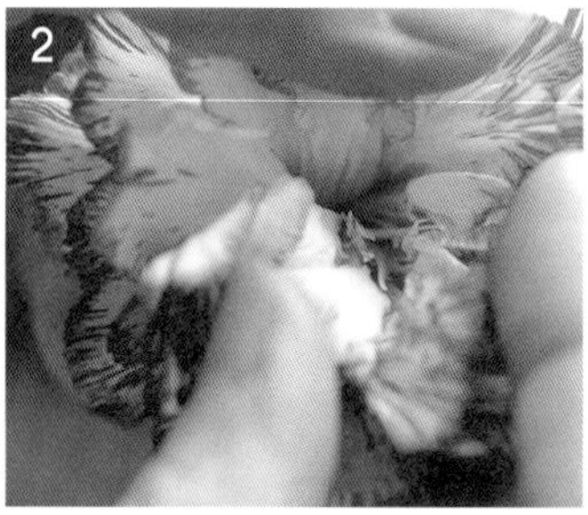

花の中心が見えるよう両手の親指で左右にそっと押し広げ、雌しべと雄しべを確認。その下に子房がある。

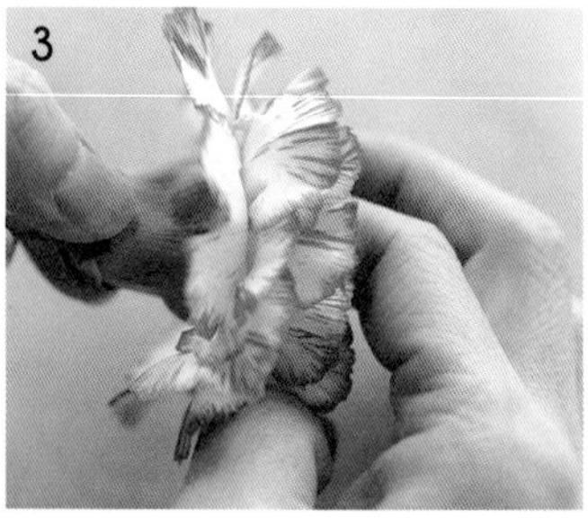

花の中心に人差し指を入れて、子房の根元を爪先で引っかけるようにして取りはずす。

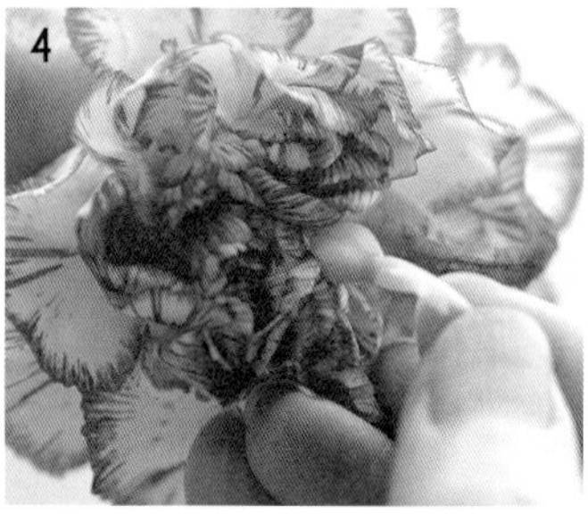

子房をそっと引き抜いて取り出す。

子房を取り除くと、数日で乾燥する。カーネーションの場合、子房をはずすと乾燥時間を半分ほど短縮できる。

リンドウ

なるべく蜜の少ない花を選ぶこと。夏よりも秋のリンドウのほうが蜜が少ない。さらに、茎が細いものは成功しやすい。

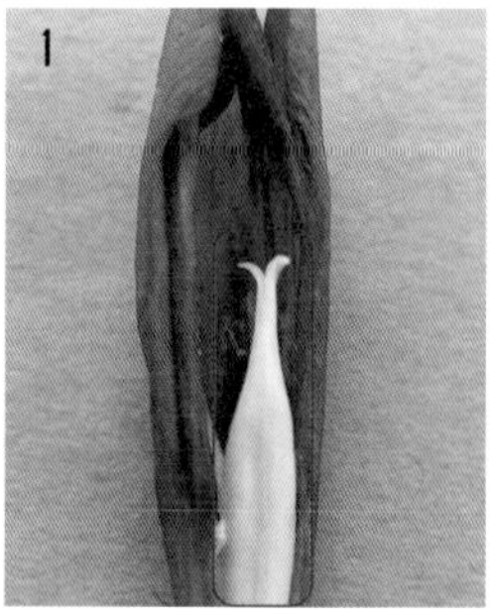

リンドウには細長くて大きな子房があり、ここに蜜がたっぷり。少々難しいので、何度か練習を。

花の根元を親指と人差し指でつかみ、もう一方の手で持ったハサミを花の奥まで入れて子房を挟む。

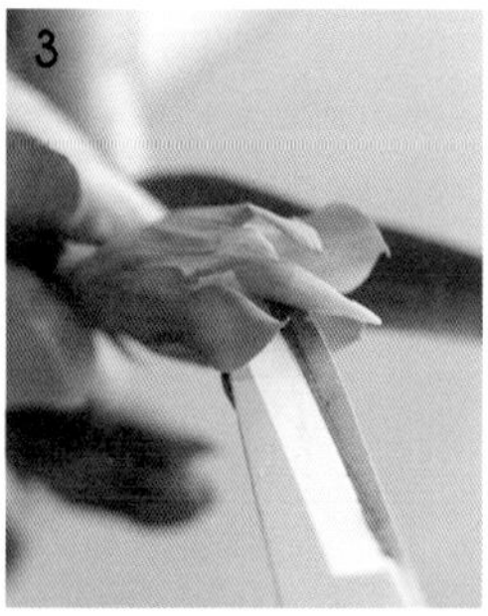

花びらが切れないように気をつけて、子房を切り落とす。花びらを傷つけると茶色くなりやすいので注意。

蜜が多く茶色になりやすいリンドウも、子房を取り除くことで、このように鮮やかに乾燥させられる。

よく聞かれること Q&A

Q 風水の観点は？

A「ドライフラワーって風水的にはよくないのですか？」と、聞かれることがあります。確かに、風水ではドライフラワーは枯れた花（エネルギーのない）なのでよくない、などと言われているようです。しかしそれは本当にそうでしょうか？　たとえば、多くの日本家屋は木造建築です。木を切り倒し、乾燥させて建材に使います。そういう意味では、日本家屋そのものが自然素材を乾燥させたドライフラワーの仲間でできていると言えると思います。木材というのは不思議なもので、切り倒した直後よりも歳月を重ねるほどに強度を増し、ツヤも出て、素晴らしい建材になってくれます。ほかにも、私たちの生活には乾燥させた植物を材料に作ったものはたくさんありますよね。なかには乾物として食べているものもあります。そのすべてにエネルギーがないとは思えません。私たちは、乾燥した植物からも多くの恵みをいただいています。ですから、安心して感謝しながらドライフラワーを生活に取り入れていきたいと思います。

Q 虫対策は？

A 害虫、特にメイガとシバンムシという虫が夏の終わりから秋にかけてつきやすいです。ドライフラワー専門の防虫スプレーを使うのも手ですが、私はあまり薬剤は使いたくないので、虫取り用の粘着シートなどを使っています。また、花瓶の底に花びらや葉がたまると、そこに卵を産みつけられるので、こまめに掃除をすることも虫対策には有効ですが、ある程度は大らかに捉えています。

Q 失敗したら？

A 生花を乾燥させて美しいドライフラワーを作る作業には、失敗がつきものです。私も何度も実験しては失敗するということを繰り返して、鮮やかに仕上げることができるようになりました。まずは、好きな花を手に入れたとき、または庭にたくさん花が咲いたときなどに挑戦してみてください。よい状態の花を選んでいるか、干す前の状態はどうだったか、干す環境はどうだったか、を確認して、何度か試すとコツがつかめます。失敗は成功のもとです。

Q 切り花用の栄養剤がないときは？

白砂糖

漂白剤

A 水１ℓにつき砂糖５～10g、漂白剤を数滴入れ、栄養剤の代わりに。市販の切り花用栄養剤がない場合に作ってみてください。

★バラ、特に蕾の多いものには砂糖は多めに
★葉ものは砂糖を少なめに
★漂白剤は水を殺菌するため
★砂糖は白砂糖がよい。ガムシロップを使ってもOK。黒糖などは向かない

ドライフラワーの新しい可能性

鮮やかな発色を出せるようになって、ハンドメイドのイベントに出たり、手作りのリースをインスタグラムにのせると「ドライとは思えない色にひと目ぼれしました」「教室はないんですか?」というコメントを多数いただくように。自宅レッスンを始めると、海外からもいらしたほどです。

いつも感心させられるのは、生徒さんの花への愛情と熱量の高さ。そんな姿を見るにつけ、もっとできることはないだろうかと考えはじめ、いつしかドライフラワーを花の文化のひとつにできないか、という夢をもつようになりました。当初、私が抱いていたような生花やドライフラワーの垣根を越えて、花と親しむ手段として、多くの方にお伝えしたいと。

最近は、ウエディングブーケをドライフラワーで作りたい、というオーダーもいただくようになり、ドライフラワーへの認識が変わりつつあるのを感じています。

教室では「研究コース」を設けました。より専門的に「七色星花®」について学び、教える立場になっていただくためのものです。知識を広めていくことで、いつか多くの方に、もっと身近に「花のある暮らし」を楽しんでいただきたい。そんな未来に近づくための一歩が、「七色星花®」です。再び命を吹き込まれた花は、どんな人生のステージでも輝く成熟した女性のように。花の潤いに満ちた暮らしのために、今後もドライフラワーの魅力を届けていきたいです。

wedding bouquet

ウエディング用にも喜ばれています

ドレスの色に合わせて、花嫁さんのお母さまが作ったウエディングリース。ブーケの代わりなので、手持ちができる形です。記念に部屋に飾れると、花嫁さんも大満足してくれて私もうれしいかぎり。今ではカップルで作りにくる方もいらっしゃいます。

世界で一番美しいドライフラワー

4

手作りリースのある暮らし

ドライフラワーを作ったら、次のステップもぜひ！
作品にするチャレンジです。
教室でも人気の高いリースと、生かし方をご紹介。
もっとドライフラワーが好きになるはずです。

大人気デザインの
三日月リース

私の作品を代表する三日月形のリース。造形を際立たせるのは、段階的に変わる厚みと太さ。中心部分は厚く、両端に向かうにしたがって、細く薄くすると、側面から見てもきれいです。

太さを変えるだけで印象が異なります

右／上の三日月よりも細いリースは、すっきりとしてフォルムが際立ちます。左／細くなる先へ向かって、花材を差し込んでいくとラインがきれいに。厚みも先へいくほど薄くしていきます。

グラデーションが生きる
ラウンドリース

スタンダードなラウンド形は、色の配分で見違えます。こちらはオレンジ、ブルー、赤系へのグラデーションにしました。それぞれがきれいにつながるよう、中間色を取り入れるのがポイント。

それぞれの配色のなかにも濃淡をつけて

右／赤、濃いピンク、淡いピンク。左／濃紺、紫、水色。同じ色の系統のなかにも変化をつけると、お互いが引き立ちます。一定の方向に差し込んでいくことで、流れを強調する効果が出ます。

ディスプレイの幅が広がる

小ぶりのリース

法則を決めずに好みの色を使う場合、グリーンの葉ものがすべての花色をまとめてくれます。グリーンを多めにすると、ナチュラルな雰囲気に。小ぶりなリースは、こんなふうに置いて飾れるのもいいですね。

小さくても細部まで花材を使って

円の内側も、土台が見えないように花材を差し込むと、立体感のある仕上がりに。右／カラーを締め色に。左／小ぶりなものには、実ものなどの小さな素材が使いやすい。スプレーバラもおすすめ。

花の差し込む方向でフォルムが際立つ

ティアドロップリース

特徴のあるしずく形は、すべての花材を上に向かって差し込んでいきます。フォルムがはっきりして見えるのはもちろん、向きが定まることでバランスよく差し込むことができます。

ポイントになる花の使い方

上／下にボリュームのある形なので、大ぶりのシャクヤクは下に。中心の空洞の形もきれいに見えるように配慮して。下／ベロニカなどの長めの花を使うと、より上へのラインが強調されます。

お祝いのギフトにもおすすめです

上／右のリースはツートーンですが、ピンク・赤系のトーンにすると、おめでたい雰囲気にぴったり。下／流れるようなラインをつくるチガヤの穂は、ヘアアイロンでカールさせます。

オリジナルデザインの

ハートのリース

ウエディングなどのお祝いごとにふさわしいリースです。下の部分を長めにしたことで、傾けて飾っても動きが出るでしょう？　ハートがふわりと浮かんでいるような、幸せなイメージです。

卓上も華やぐ

ロングスワッグ

壁にかけてもいいけれど、食卓のセンターにあしらうのも素敵なロングスワッグ。おもてなしの席にもいいですね。サイドまで花材を使うことで、食卓の中心に置いても見栄えがします。

側面と裏側の仕上げ方

上／直線的なデザインの場合、側面まで花材を入れると立体感が出ます。下／棒状の土台に葉ものをベースにして花材を盛り込んでいく。壁にかけるときは、クリップ付きのフックで。

まるで小さな花畑のよう！

フライングリース

リースは、吊り下げるのも人気の飾り方です。小さなものならスタンドを使いましょう。このときは花を上向きに差し込むのがコツ。見る視点を意識するとラウンド形でも印象が変わります。

上から見るリースのポイント

上向きに差すとお花畑のようでしょう？　上／ポイントとなるマリーゴールドも、まっすぐに上を向いています。下／ベロニカやスターチスを使って、目線を上に向ける工夫をしました。

ボリューム感のなかにも ポイントをつけること

上／ワイルドフラワーや、下／シャクヤクといった大ぶりな花をポイントに。シャクヤクはあえて上向きに差してみました。最後に細いツルを全体にまとわせると動きが出ます。

ナチュラルな雰囲気を演出する

ボリュームスワッグ

ブーケを吊り下げたデザインのスワッグは、最近幅広い層に人気です。基本はブーケを作るのと同じ要領ですが、ベースを組んだら花材をたっぷり入れ込んでいくのが私流。ナチュラルなインテリアに。

モダンなインテリアにも似合う

オーバルリース

楕円形のリースは、ちょっと個性的。センターの空洞が縦長になるように意識して形成すると、完成度が上がります。平面の場所だけでなく、柱などにかけると見栄えがするシンボリックな形。

アクセントはランダムに

右／均等にするより、ランダムに主役の花を置くのも面白いもの。花の向きは放射状でもＯＫ。左／ブルーとピンクをベースに、大ぶりな淡い黄色のシャクヤクをアクセントに差し込みました。

フローラルフォームを使った
ドライフラワーツリー

ツリー形の土台は、円すい形のフローラルフォームを使用しました。まずは、ヒムロスギを葉もののベースにして、花材を差し込んでいきます。リボンはお好みで、仕上げに飾ってください。

クリスマスは シックな赤がメイン

赤を強調しているのは、サンキライの実、赤いスプレーバラ、そしてリボン。松ぼっくりなどを使うのも季節感が出ます。リボンは結び目にワイヤーを巻きます。

さわやかカラーのモニュメントに！

クリスマスを過ぎたら、花材の色みを変えて雰囲気を一新！　土台はそのままに、季節に応じてカラーチェンジをするのは、とても有効な方法です。春から夏にかけて、ブルー系にチェンジ。

Remake

リメイク用の花材

ブルー〜紫の花をチョイス。**1** ルリタマアザミ、**2** リンドウ、**3** デルフィニウム、**4** リューカデンドロン。

再利用しながらカラーチェンジ

上／土台がスポンジなので、差し替える作業も気軽にできます。まずは赤い花材をブルーの花材に替えて。下／大きく存在感のあるワイルドフラワーを加えるのがおすすめです。

洋室にもおすすめ

しめ縄リース

い草で作られた市販のしめ縄を使い、松、ユーカリ、シャクヤク、サンキライなどをあしらいました。お正月のしつらえに、鮮やかな緑の松と赤い花が映えると思います。

お正月が過ぎたら リメイクも

Remake

しめ縄の蝶結びをリボンに見立てて、リメイクしたリースです。ベースの葉ものはカニクサ。ナチュラルな雰囲気に仕上がっているでしょう？　カニクサはたっぷり使うのがコツ。

グリーンたっぷり ナチュラルリース

上／しめ縄飾りの長く出ているところをカット。下／しめ縄部分を隠すために、カニクサをまとわせ、数回に分けてバランスをみながら足して。ヘクソカズラ、ヘデラなどのツル性植物でも代用可。

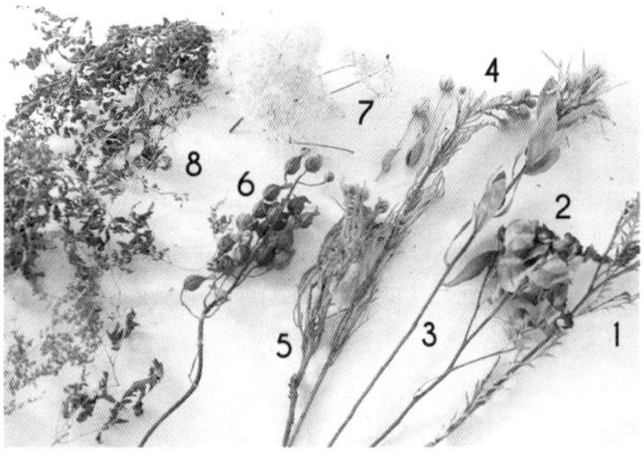

リメイク用の花材

1 グレビレアアイバンホー、2 赤いスプレーバラ、3 プロテアシャロン、4 シルバーブルニア、5 ネベリアクラスター、6 ゲットウの実、7 スモークツリー、8 カニクサ。

ワントーンで作るリースは特別感が増します

ウエディングにも

ホワイトリース

ラムズイヤー、ユーカリ、ナンキンハゼなどで作った直径15cmほどの小さなリース。冬の雪や静寂をイメージしました。ホワイト系はイノセントな雰囲気になるので、クリスマスにも。

新たに加える材料は少ないですが、デザインの要《かなめ》は等間隔の配置。もとのモコモコした愛らしさを生かしつつ、ベースの赤を等分に分割することで、モダンさを表現しました。

Remake

ワントーンを
ベースにしたリメイク

クリスマスから新年に

深紅のリース

赤はおめでたい色の筆頭です。バレンタインデーにもいいですね。ケイトウ、バラ、センニチコウ、サンキライの４種類だけで使ったもの。ケーキスタンドに置くのも可愛い。

リメイク用の花材

1 生成り色のラフィア、2 ラベンダー、3 タタリカ。ラフィアの色でも印象は変わります。リースの仕上げに、紙のタグをプラス。

モダンさを決めるのは色の配分

このリメイクは、花材を均等に配置するのがポイント。配分を考えてもとの花材を抜き、差し替える花材を差し込みましょう。写真は、タタリカの配分を決めているところ。

作品づくりに
愛用している道具

1 花材そのほかの材料を接着するために使うのは、グルーガン。2 ハサミは特別なものでなくてＯＫですが、クラフト用のハサミだと切りやすいです。3 アレンジメント用のワイヤーで、「地巻きワイヤー」「フラワー用ワイヤー」などの名称で販売されています。色は茶色かグリーン、太さは24番または26番を使います。4 30番の細いワイヤー（「華のいと」）はもろい花材に。5 フローラルテープは、ブーケをまとめる際に役立つ必需品。マスキングテープよりも粘着力が強いテープです。6 市販のリース台。大きさはいろいろあります。7 100円ショップでも手に入るピンチ。作品を挟んで壁掛けにするときに重宝しています。8 写真のように穂のある植物をカールさせるときに活躍するのが、ヘアアイロン。髪を巻くのと同じ要領でカールさせます。

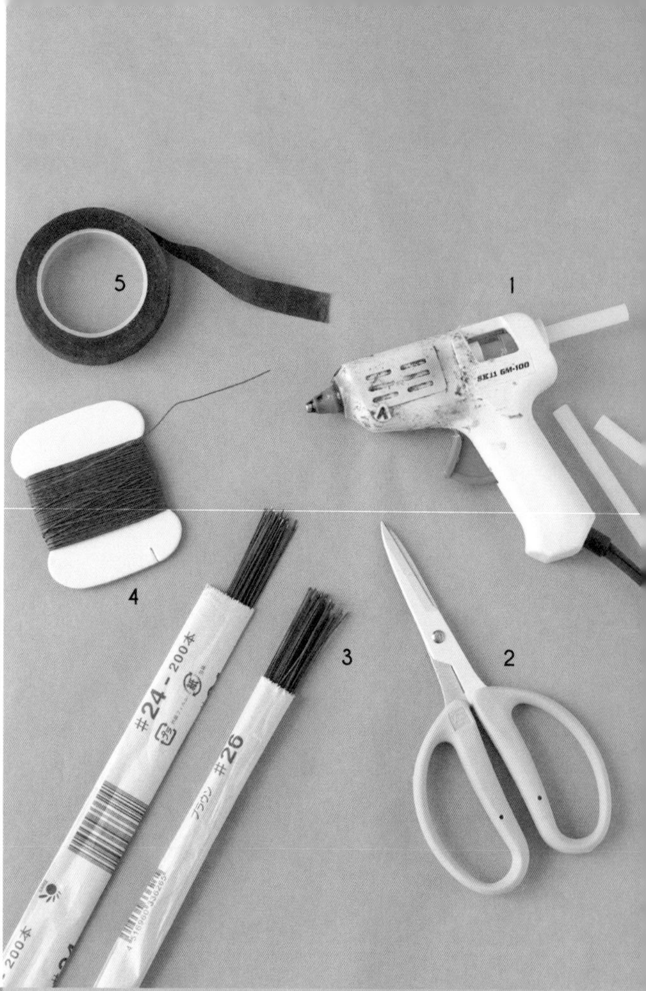

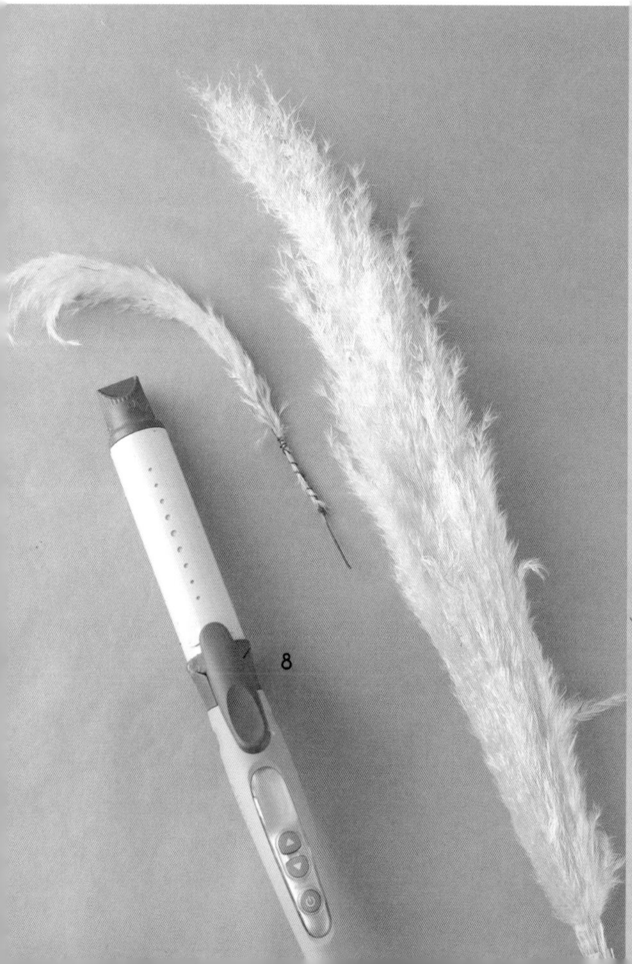

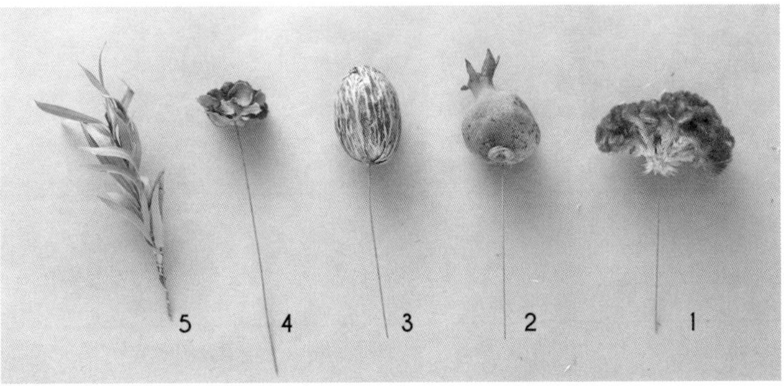

作品の幅が広がる ワイヤリング

花材

1 ケイトウ、2 姫ザクロ、3 アムラポッド、4 スプレーバラ、5 キンポウジュ
※硬めの花材には24番、もろい花材には26番のワイヤーを使用。

茎や枝を延長する

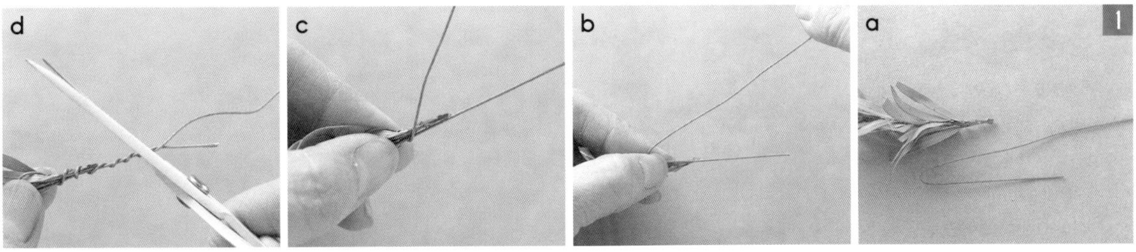

茎や枝部分にワイヤーを巻いて、長さを出す。a ワイヤーを写真のように折り曲げる。b 折り曲げた短いほうのワイヤーを、茎や枝に沿わせる。c 長いほうのワイヤーを茎、枝、短いほうのワイヤーに巻きつける。d 必要な長さまで巻いたら、ハサミでカットする。

花首につける

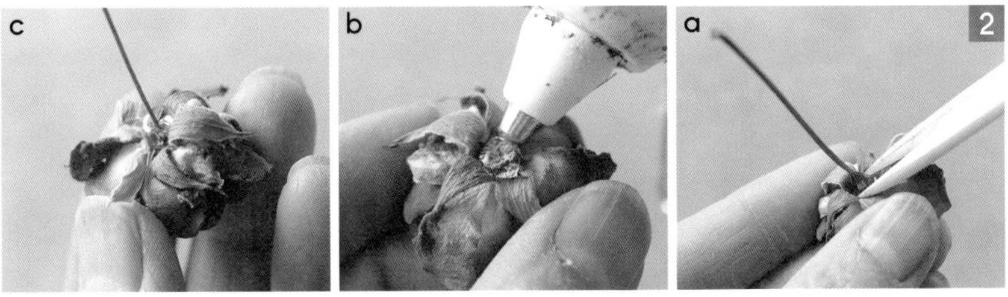

茎が短い場合、または折れやすいものに。a 茎を根元から切る。b 切った部分にグルーをつける。c ワイヤーを差し込んで固定する。

柔らかい実ものにつける

a 根元にハサミで切り込みを入れる。b 切り込みにグルーをつける。c グルーをつけた部分にワイヤーを差し込んで、しっかり固定する。

硬い実ものにつける

切り込みを入れにくいものにはこの方法を。a ワイヤーの先端を丸めて、写真のような形状にする。b 実にグルーをつける。c グルーをつけた箇所にワイヤーの丸めた部分を接着して固定する。

基本のリースの作り方

私のリースは、おそらく市販のリースよりも花材を多く使っていると思います。
それは、花を見せることと同時にフォルムを重視しているから。正面だけでなく、
横から見てもなだらかな弧を描いているかチェックしてみましょう。

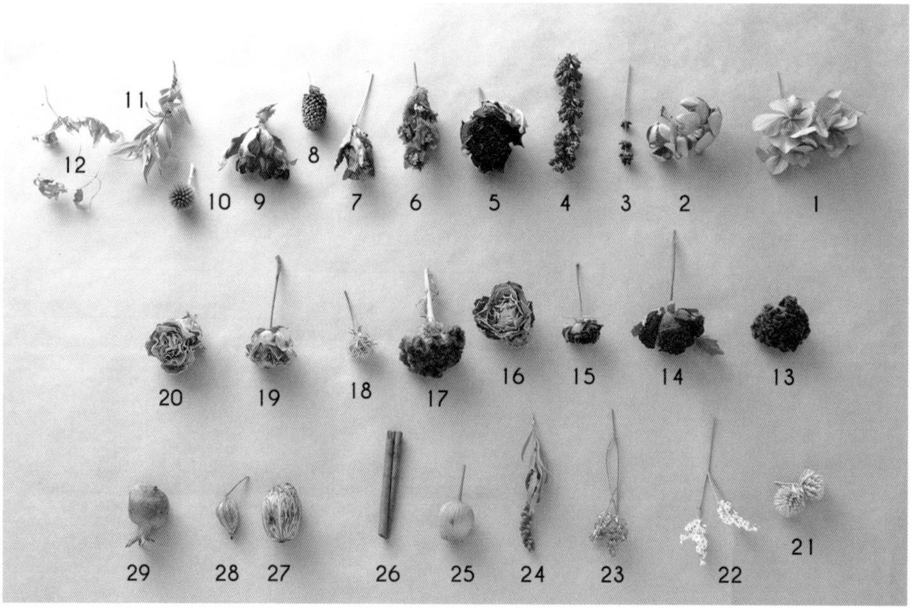

花材

1,2 アジサイ（青）、（紫）、3 ラベンダー、4 リアトリス、5 シャクヤク、6 デルフィニウム、7 リンドウ（紫）、8 センニチコウ（紫）、9 リンドウ（青）、10ルリタマアザミ、11キンポウジュ、12カニクサ、13ケイトウ（オレンジ）、14スタンダードバラ（赤）、15スプレーバラ（紫）、16スタンダードバラ（ピンク）、17ケイトウ（ピンク）、18スプレーバラ（黄）、19,20スタンダードバラ（オレンジ）、（黄）、21センニチコウ（ピンク）、22,23ハイブリッドスターチス（黄）、（ピンク）、24キンポウジュ（蕾付き）、25ベルガムナッツ（ユーカリの実の仲間）、26シナモン、27アムラポッド、28ゲットウの実、29ザクロ

1 ベースを作る

aベースとなるキンポウジュをリース台のまわりに並べ、バランスをみる。bバランスが決まったら土台に差し込んでいく。このとき、時計回りになるように、少し角度をつけて立ち上げる。cキンポウジュを差し込んで、写真の状態にする(赤い線はガイドライン)。d重なっている葉など、余分な部分をカット。e外側の次は内側に同じように差し込む。

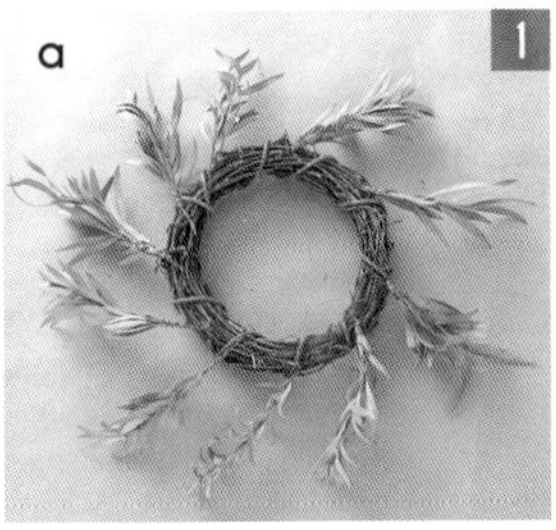

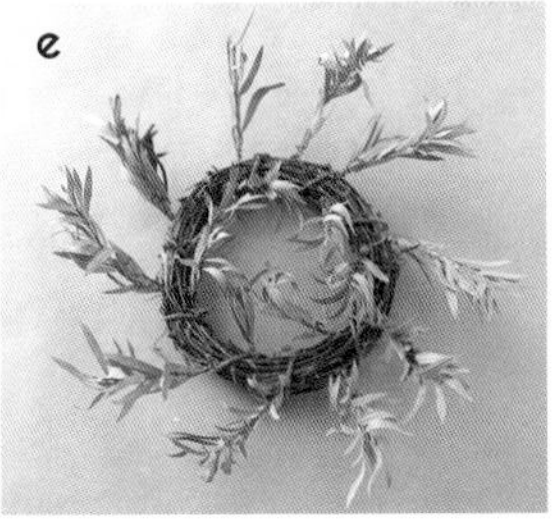

2 花材を入れる

aバラ、シャクヤク、実ものなど、大きめの花材から差し込む。b中サイズ～細かな花材を間に入れ込んでいく。c横からチェックして、高さが出ているか確認を。d外周から中心に向かってふくらみ、なだらかな弧を描くフォルムになるように、細かな花材で調整する。eすき間にはベースに使ったキンポウジュを差し込んでもOK。fカニクサを加えて、動きを出す。

異素材で＋α

イベント用など、特別感を出したいときには植物以外のパーツをプラスするのもおすすめ。今回はシャンデリアパーツを使用します。パーツを１つずつはずして、ワイヤリングし、リースのところどころに差し込んでいきます。

世界で一番美しいドライフラワー

5

ドライフラワーで作る簡単クラフト

たくさんの花材を使うリース類だけでなく
気軽に作れる小さなクラフトもいかが？
ちょっとしたギフトにもぴったりな7アイテムをご紹介。

秋の小さな木の実の小箱

ひとつだけでなく何個も作って並べて飾ると可愛いです。
木の実と同じ要領で
小さなお花を入れて作っても素敵。

材料

※花材の名前は左から順にご紹介(60〜71ページ)

六角形の小さな木箱「セリア」で購入
薄く切ったフローラルフォーム

木の実　ヤシャブの枝と実、野バラの実、ユーカリの実、八角、松ぼっくり、ゲットウの実、トクサバモクマオウの実、サンキライ

作り方

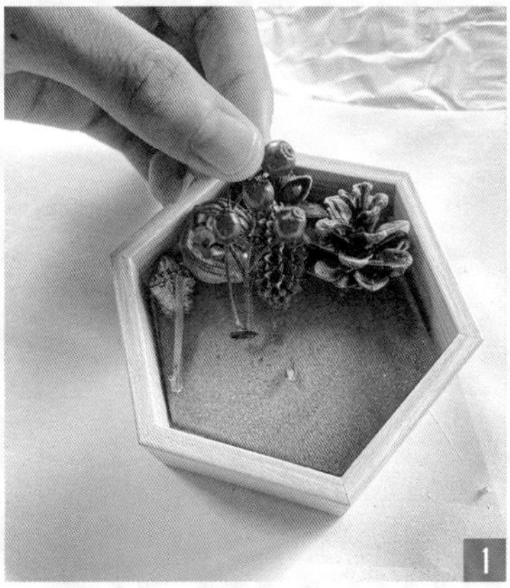

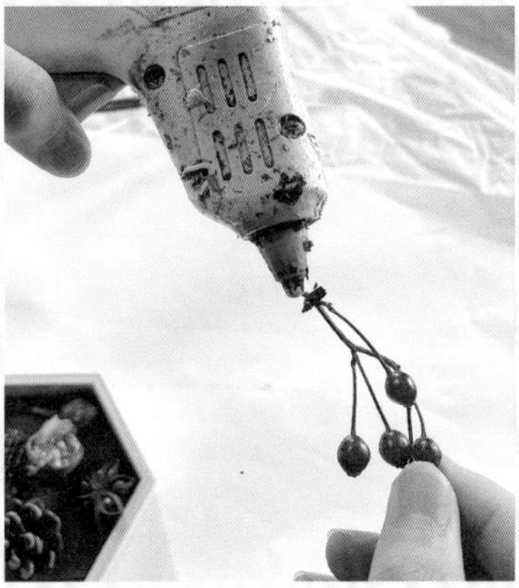

1

木箱の底にサイズに合わせて切ったフローラルフォームを敷き、グルーで接着する。その上に、材料の木の実を入れて配置を考える。配置が決まったら、グルーで一つひとつ貼っていく。

2

箱の中心部分が盛り上がるように木の実を貼りつけると、見栄えがする。中心部分がへこまないように注意。ヤシャブを枝ごと使い、木の実と木の実のすき間からのぞかせるように差すと立体感が出て、バランスがとりやすい。

Point

立てて置ける形状の木箱なら、いろいろな飾り方ができてお得な気分。グリーンの葉ものをプラスしたり、鮮やかな花色の花材を使うと、印象が大きく変わるので、季節ごとに楽しめます。

切り株のハロウィーンアレンジ

「大人っぽさ」を意識して、ハロウィーンのモチーフを使わずに
オレンジ、赤、黄色などハロウィーンカラーの花、木の実で
イベントの雰囲気を演出したアレンジメント。
ベースに選んだ切り株は、花材を差し込みやすく安定するので
ディスプレイするのにもおすすめです。

材料

切り株プレート　「ニトリ」で購入

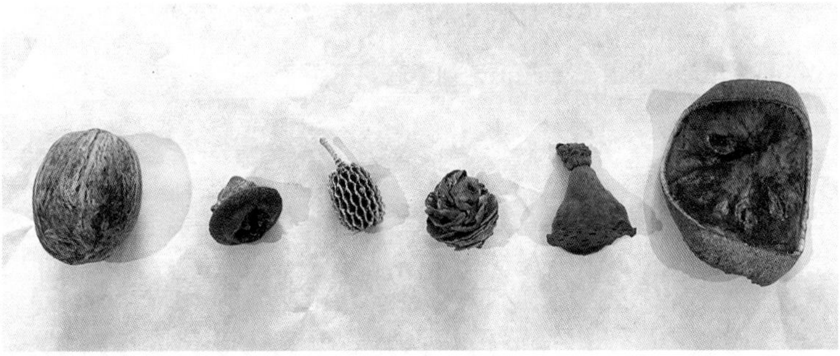

木の実　アムラポッド、ユーカリの実、カスリナコーン、トータムローズ、ハス、ベールナッツ

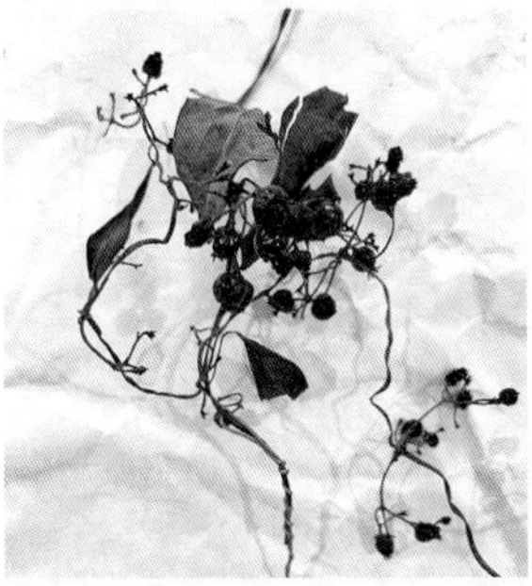

ツル　ヘクソカズラ

葉もの　キンポウジュ(大葉)、ヒムロスギ、キンポウジュ(細葉)、ヒカゲノカズラ

花材　リューカデンドロン、唐辛子、バラ(赤・紫)、ヘリクリサム(黄・オレンジ)、リンドウ、エリンジウム

作り方

1

切り株プレートのすき間に葉ものを差し込む。このとき、使う葉ものは1種類だけでなく、2〜3種類入れると動きが出る。枝先にグルーを少しだけつけると取れにくくなる。

2

葉ものを入れた上から、花材を差し込んでいく。手前に入れる花は背を低くして、中央付近のものは背を高くすると、奥行き感が生まれる。

Point

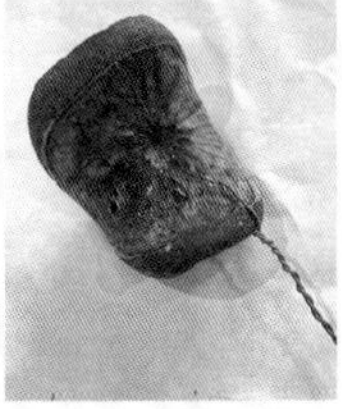

枝がついていない木の実には、あらかじめワイヤーを取り付けておきましょう。ワイヤーの先端を丸く曲げてグルーで接着します(57ページ参照)。

3

葉と花を差し込んだアレンジメントの足下を隠すように、丸い木の実を貼っていく。入手しやすいドングリ、小さな松ぼっくりなどでも充分可愛い。ヘクソカズラなどのツルを飾って完成。市販のシックなデザインのタグを入れると、よりハロウィーンの雰囲気に。

一年をハッピーに締めくくる
クリスマスリース

秋冬の季節も深まると、年末を意識するようになります。
クリスマスの準備のために、とっておきの作品をご紹介します。
何かと忙しくなるシーズンですが、時間のあるときを見つけて、ご参考に。
壁にかけたり、器にのせてキャンドルを立てたりと
ディスプレイも楽しんでくださいね。

材料

リース台

葉もの　ソリダゴ、キンポウジュ、ヒカゲノカズラ、ブルーバード
ヘクソカズラも使用

白い花材　ナンキンハゼ、カーリーモス、ペペコーン、パンパスグラス、タタリカも使用

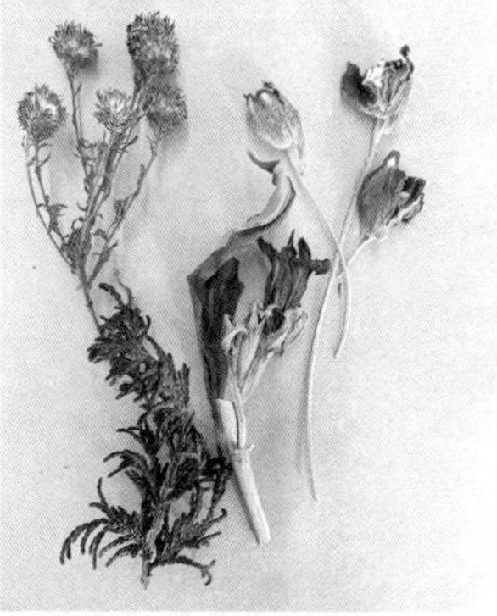

青い花材　孔雀草、孔雀ヒバ、リンドウ、キキョウ

赤い花材　ケイトウ(羽毛・久留米)、バラ(小・大)、ナンテン

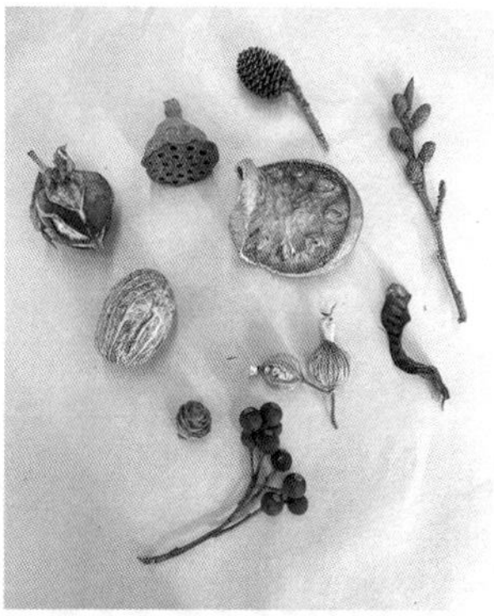

木の実　コットン(蕾)、ハスの実、ヤシャブ、アムラポッド、ベールナッツ、ヤシャブの枝、リューカデンドロンの実、ゲットウの実、ギンネムの実、シャリンバイ

作り方

1

リース台にキンポウジュを時計回りに差し込む(写真の赤い線はガイドライン)。葉の長さは、外側の円周部分が7㎝、内側の円周部分は4㎝くらい。

2

花材の色ごとに葉ものの向きに添って重ねて差し込んでいく。

3

葉ものを差し込んだところに木の実類を入れていく。

4

最後にヘクソカズラ、ギンネムの実、枝など動きがあるものを飾って完成。

新年を祝うボトルアレンジ

和のしつらえにもドライフラワーが活躍します。
花材はもちろん、ふたに使う生地の柄でも雰囲気がガラリと変わるので
コーディネートを楽しみましょう。

材料

花材　菊、サンキライ、ナンキンハゼ、イモーテル、スプレーバラ、ペッパーベリー（ゴールドペイント）、ヤマシダ（緑とゴールドペイント）

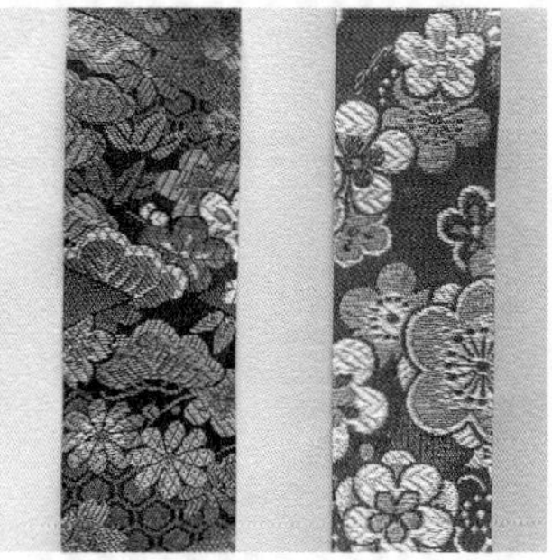

和風のリボン
（「東京リボン」の京金襴）

ボトル（底ぶたがコルク材でドーム状のもの。「東京堂」で購入）

作り方

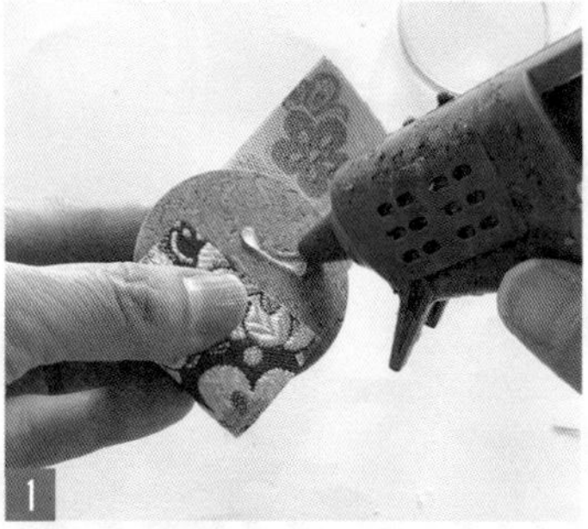

ボトルの底ぶたにリボンを一周巻きつける。ふたの裏部分にグルーをつけて固定。このとき、グルーをつけすぎると凹凸ができるので注意。

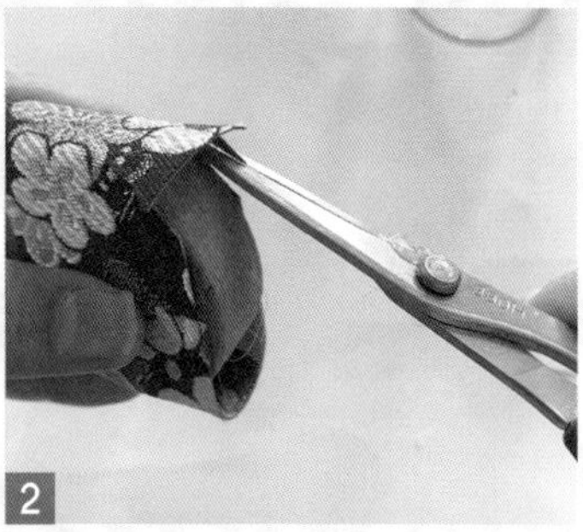

リボンに切り込みを入れて、ふたの形に合うようにグルーで貼りつける。

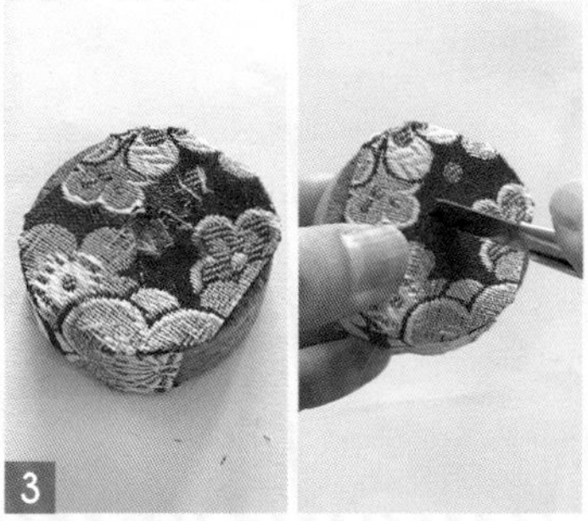

ふたの内側の中心部にカッターで切り込みを入れてリボンをはがし、コルクに軽く穴をあける（穴の深さは1～2㎜）。この穴に花材を入れていく。

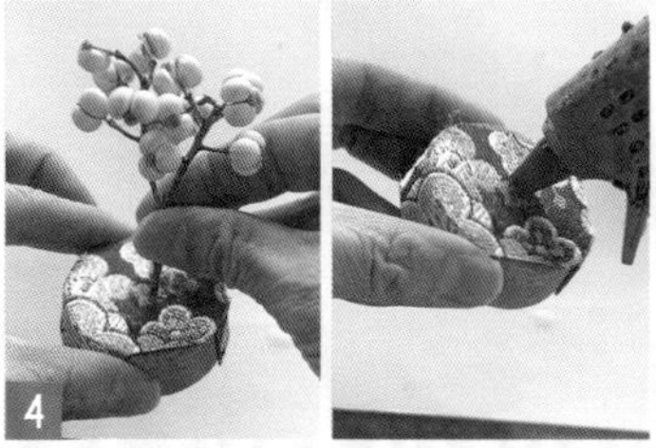

コルクの穴にグルーをつけて花材を入れていく。花材はボトルに入る長さにカット。ボトルの上に空間があると可愛いので、長すぎないようにする。

ドームをかぶせて、バランスがよければ完成。

Point

花材の長さはまちまちにして、束ねたときに花や実がぶつからないようにするのがコツ。同じ長さで束ねると花同士が重なってしまい、アレンジがふくらんでボトルに収まらなくなります。

季節の花で作りたい フラワーコサージュ

その季節に手に入りやすい花で作る
あなただけのコサージュ。
洋服だけでなく、バッグや帽子に
プラスするのもいいですね。
シーンに合わせて作ることができるのも
手作りの魅力。
身近にある素材を利用してみましょう。

材料

コサージュピン

飾り用のリボン
（幅6mm）

フローラルテープ

花材（写真上）
主役のバラ以外に、
エリンジウム、
スターチス、
ペッパーベリー、
パンパスグラス、
ポポラス

Point

バラにワイヤーをつける場合

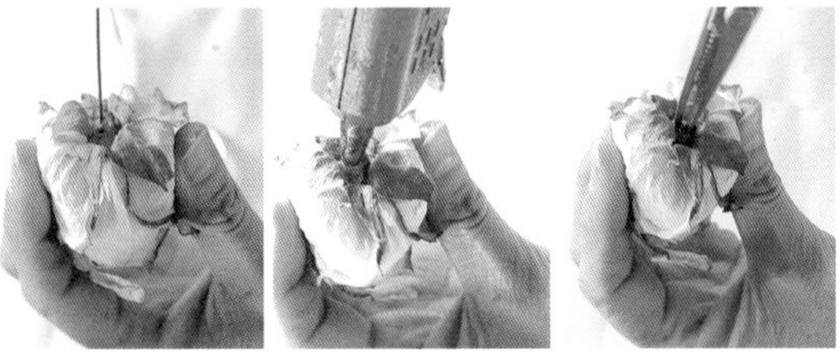

大きめなバラを使うときは、枝をすべて取りはずし、花の根元からワイヤーを差し込みましょう。根元にハサミで切り込みを入れて、グルーをつけてからワイヤーを差し込みます。このときのワイヤーは24番がおすすめ。

花材にワイヤリングする。このとき、花材の茎や枝をなるべく短く切り、ワイヤーを巻いていくと花束を組みやすい。※硬めの花材にはワイヤー24番を使い、もろい花材(ペッパーベリー)には26番を。

花束を組む。ポポラスが一番後ろになるようすると、花材がカバーされるので壊れにくいコサージュになる。

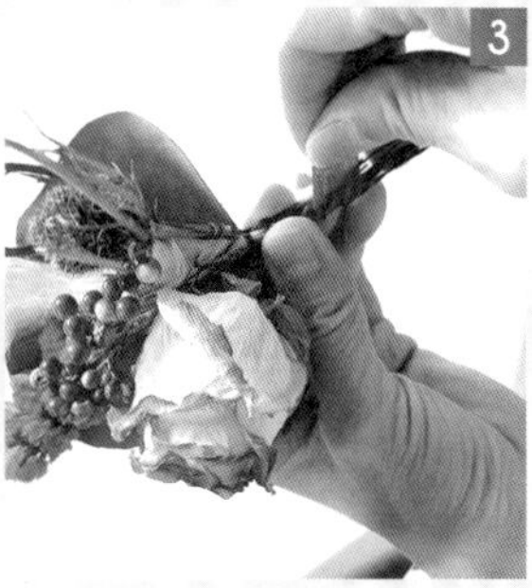

花束が組めたら、ワイヤーを4cm程度の長さにカット。ワイヤー部分にフローラルテープを巻きつける。テープを引っぱりながら巻くと粘着力が出る。

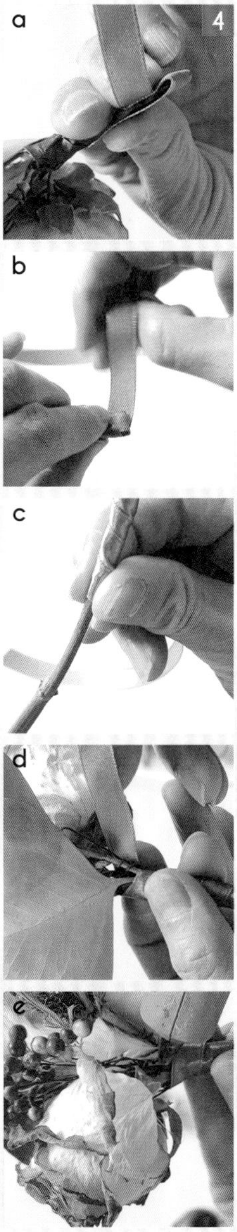

枝部分にリボンを巻きつける。a枝部分をリボンで挟み、はずれないようにリボンを折り返す。b〜dそのまま先端から花の根元まで巻き上げていく。e根元まで巻いたら、グルーで貼りつける。その際、コサージュの裏側でリボンを貼るようにする。

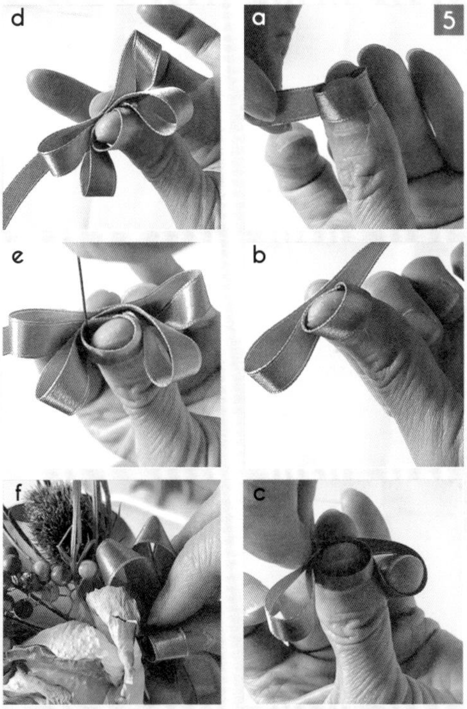

コサージュの根元をカバーする用の飾りリボンを作る。a親指にリボンを巻きつけ輪っかを作る。b、c作った輪を中心にして、その下で左右に輪を作る。d同じ要領で輪を作り二重リボンにする。e最初に作った中心の輪にワイヤーを通し、きつめに巻く。fコサージュの花束の下にグルーをつけて、作った飾りリボンを差し込む。

コサージュの裏側のポポラスにグルーをつけて、コサージュピンを貼りつけて完成。※コサージュの下部に取りつけると安定しづらいので、必ず上部に取りつけるようにする。

花や木の実を挟んで
ドライフラワーのミルフィーユ

花材を挟んで、グルーで貼るだけ。
手軽にできて、びっくりするほど見栄えがする作品がこちら。
ちょっとした機会にさし上げるギフトにしても喜ばれるはず。

材料

葉もの　シダの葉

花材　スプレーバラ、小ぶりなシャクヤク、ペッパーベリー、野バラの実、ユーカリの実、メタセコイヤの実、ヘクソカズラの実、ボタンガムヘッド、シナモン、ツバキの実、ゲットウの実、スターアニス

コルクコースター、コットンヤーン

フローラルフォーム

作り方

コルクの四辺を５㎜ずつカット。それを３枚作る。切り口はちょっと粗いくらいがちょうどいい。

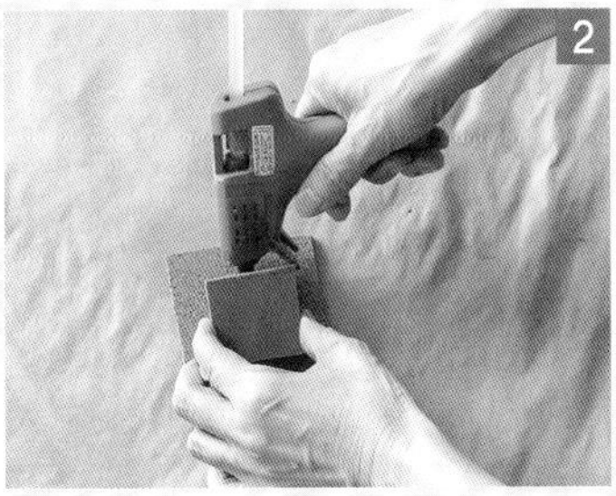

フローラルフォームを３㎝四方×厚さ１㎝にカット。これを２枚用意して、コルクの中心にグルーで貼りつける。

コルクとフローラルフォームを重ねてミルフィーユの土台を作る。

コルクの間に花や木の実を入れ、取れないように、グルーで貼る。はみ出るくらいに入れ込むのがコツ。

全体に花や木の実が入ったら、最後にシダの葉を巻きつけるように入れる。

コットンヤーンを十字掛けに結び、上に好みのタグを飾って完成。今回は木のタグを使用。

ウエディングにもぴったり！
ブーケのウッドボード

平面に立体のアレンジメントを作っていくのがポイントです。
ウエディングにふさわしい白やピンクの花とリボンを使いましたが
モチーフを変えてイベントに応用してみてください。

材料

フローラルフォーム
木製のカッティングボード
飾り用のリボン

花材　(上段右から) 枝、ペッパーベリー、スプレーバラ(濃いピンク)、スタンダードバラ(ピンク)、スプレーバラ(ピンク)、ラベンダー、ベロニカ、パンパスグラス、(下段右から)キンポウジュ、シロタエギク、ノゲイトウ、タタリカ、ハイブリッドスターチス、リンドウ(白) ※差し込みにくい花材はワイヤリング(57ページ参照)しておく。

作り方

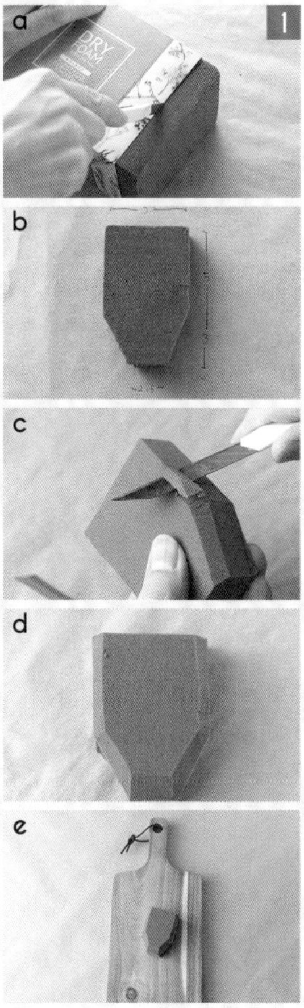

1 フローラルフォームで土台を作る。a1㎝の厚さにカット。b写真の形に切り出して、サイズは好みで調整してOK。cカッターで角を削り、面取りをする。dこの状態にすると花材を差し込みやすい。eカッティングボードにグルーでフローラルフォームを貼りつける。ブーケを置くイメージで角度をつけて傾ける。

2 花材を入れる。aキンポウジュをフローラルフォームの周囲に差し込む。bフローラルフォームの下から茎が出るように、カッティングボードに枝を貼りつける。c放射状になるようにグルーで固定していく。dそのほかの花材を差し込んでいく。このとき、それぞれの花材が重ならないように差し込む位置をずらす。eポイントとなる大きめのバラの位置を決める。f全体に差し込んだら、バランスをチェック。gすき間が気になるところには、キンポウジュを入れ込むのがおすすめ。

3 aパンパスグラスは、差し込む前にヘアアイロンでカールさせておく。b動きの出る位置にパンパスグラスを差し込む。

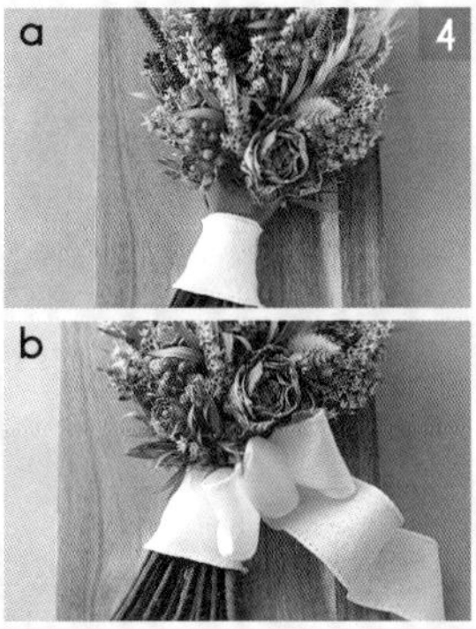

4 aフローラルフォームと枝の継ぎ目にリボンを巻きつける。bグルーでつける。別に蝶結びを作り、結び目にワイヤーを巻いてフローラルフォームに差し込む。

1 チガヤ

色もち ★★★★

日本、東南アジア原産。穂の色は乳白色。草丈は30〜80㎝。開花時期は５〜６月。花穂が膨らんだら早めに干す。育ちすぎると干しても花穂が膨らみすぎて散ることも。「原っぱ、道端で見かけるススキに似た品種。野草なのでお花屋さんでは取り扱いがないかもしれません」

2 エリンジウム

色もち ★★★

ヨーロッパ、南北アメリカ原産。花色はブルー系、紫系など。花径は３〜５㎝。草丈は50〜70㎝。開花時期は６〜８月。「青紫色のプラナム種がポピュラーで、細長いギザギザした総苞が丸い花の塊を囲むワイルドな容姿。水分が少なく、蒸れることもないのでドライにしやすい花です」

3 ハナカンザシ

色もち ★★★

オーストラリア原産。花色は白、赤、ピンクなど。草丈は40〜60㎝。開花時期は３〜５月。「生花のときから白い花びらのような部分（総苞）が乾いた質感で２〜３日でドライになりますが、八分咲きぐらいで干すのがおすすめ。総苞が落ちにくく美しい姿そのままになります」

4 センニチコウ

色もち ★★★

パナマ、グアテマラ原産。花色はピンク、赤、白など。草丈は20〜50㎝。開花時期は６〜10月。毬のような愛らしい姿で、生花の状態でも乾いたような質感でドライ向き。「濃い紫系は１年以上花色がもちますが、赤、薄いピンク系の花は、半年以上たつと退色しはじめます」

図鑑の見方

Level 1 … 初心者さん向け
Level 2 … 慣れてきた人向け
Level 3 … 上級者さん向け

色もち ★ … 約１カ月
色もち ★★ … 約３カ月
色もち ★★★ … 約６カ月
色もち ★★★★ … 約１年以上

世界で一番美しいドライフラワー

6

ドライフラワーにしやすい花図鑑

これまでの経験から、鮮やかなドライフラワーになりやすい品種を段階的にご紹介。
切り上げや干すタイミングなども大公開！
ビフォアアフターでお見せします。

8 [Lavender]

8 ラベンダー
色もち ★★★

アフリカ北部、スペインなどが原産。花色は紫、白など。草丈は40〜50㎝。開花時期は６月下旬〜７月下旬。イングリッシュ系、デンタータ系が香りもよくドライ向き。葉を落とし数本まとめて干す。「花が落ちやすいので、リースは乾く一歩手前で作ると扱いやすいですよ」

7 ルリタマアザミ
色もち ★★

ヨーロッパ、アジア原産。花色は深い青、緑など。草丈は50〜150㎝。開花時期は６〜９月。「成熟した花を干すと崩れることもあるので、花びらが出る前に干すこと。ドライになっても、秋になると種を飛ばそうと突然はじけることもありますので、驚かないでくださいね」

6 カイザイク
色もち ★★★★

オーストラリア原産。花色は赤、ピンク、オレンジ、黄など。草丈は50〜100㎝。開花時期は４〜５月。「ヘリクリサムとも呼ぶ花で、とがった花びらがハナカンザシと似ていて、カサカサした感触です。中心部が見えない七、八分咲きで干すと色も形もきれいなドライになります」

5 アザミ
色もち ★★★★

北半球の広範囲に自生し、250〜300種あると言われている。花色は紫、ピンク、白など。草丈は50〜100㎝。開花時期は５〜８月。乾くと黒っぽくなるものの、色もちはよく１年以上ほとんど変わらない。「トゲのある葉は落としてから干すと扱いやすいですよ」

[**Nogeitou**]

| Dried flower |

| flower |

ノゲイトウ

色もち ★★★

インド原産。花色は紫、ピンク、白、黄白など。草丈は30〜120cm。開花時期は6〜10月。先端がとがった猫じゃらしのような形で、花の長さは約17〜20cm。「先端から根元までグラデーションのように色が変わる可愛い花です。鮮度がいいうちに干してください。乾燥には1週間程度かかります」

[**Bougainvillea**]

| Dried flower |

| flower |

ブーゲンビリア

色もち ★★

中南米原産。花色はピンク、赤、白、オレンジ、黄など。草丈は50〜300cm。ツル性。開花時期は4〜5月、10〜11月。花びらに見えるところは苞（つと）と呼ばれる葉が変形したもの。中の白い筒状のものが花。「咲いてから1〜2週間たったものを干すとあまり縮みません」。2〜3日でドライに。

[**Clematis**]

| Dried flower |

| flower |

クレマチス

色もち ★★★

中国原産だが、日本在来種も多い。花色は紫色をはじめ白など多色。花の形も風車形から釣鐘形まで多種。草丈は20〜300cm。ツル性。開花時期は5〜7月。ドライになると少し暗めな色に。「花だけではなく、ツルと葉も素敵。咲き終わったあとの果球も色がシックで、おしゃれなドライになりますよ」

[**Ageratum**]

| Dried flower |

| flower |

アゲラタム

色もち ★★★

熱帯アメリカ原産。花色は青紫、赤、ピンク、白など。草丈は20〜60cm。開花時期は5〜10月。ふんわりと柔らかい小さな花をいくつもつける。「充分に咲かせてから葉を落として、2〜3本ずつまとめて干してください、これで花一つひとつが際立つドライに」。数日で乾くが、蒸れに弱いので注意。

[**Haazami**]

| Dried flower |

| flower |

ハアザミ

色もち ★★★

地中海沿岸原産。花色は白、赤など。草丈は1〜2m。開花時期は5〜8月。「アザミと名がついていますが、アザミとは別物で花は似ても似つかず、葉にトゲがあることからそう呼ばれています」。花はすぐ乾燥するが茎の乾燥に数日を要する。花の色、形は生花のときとそれほど差が出ない。

[**Red okura**]

| Dried flower |

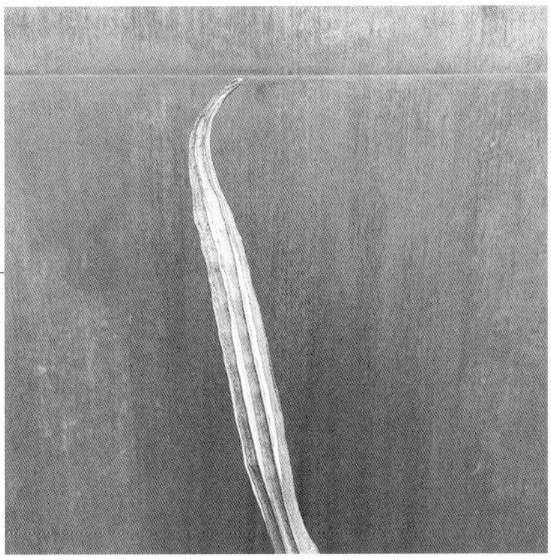

| flower |

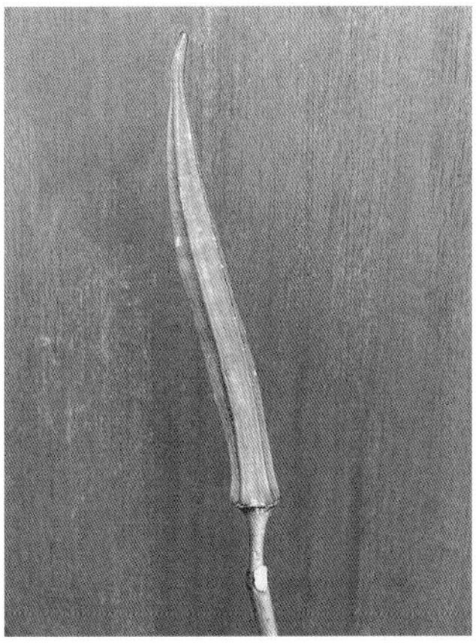

アカオクラ

色もち ★★★★

オクラはアフリカ原産。その後、品種改良され赤色が生まれた。実の色は赤色がかった緑。草丈は1〜2m。実がなる時期は7〜10月。生のときは赤いツノのような形をしている。乾くと茶色に変化し自然にひび割れ白い筋が入る。吊るして干さなくても、茎が太いのでほぼ変形しない。色もちは1年以上。

Level 2

少し高度なテクニックが必要になります

1 トウガラシ
色もち ★★★

熱帯アメリカ原産。実色は赤、オレンジ、緑、紫など。形は刀形、丸、円すい形などさまざま。草丈は30〜80cm。実がなる時期は６〜10月（品種によって異なる）。写真は緑からオレンジへ変化したもの。乾燥は１〜２週間程度。赤は丈夫で色もちがよく、それ以外は半年ほど。

2 クラスペディア
色もち ★★★★

オーストラリア、ニュージーランド原産。花色は黄。草丈は60〜80cm。開花時期は５〜９月。「干して４〜５日でドライになります。濃い黄色のドライにしたい場合は、黄色の花粉がいっぱい出ている花を選ぶこと。または栄養剤をあげて花粉が出てきたら干すこと」

3 ケイトウ（オレンジ）
色もち ★★★

インド、熱帯アジア原産。花色は赤、ピンク、オレンジ、淡緑など多種。草丈は10〜200cm。トサカ状からフサフサした球状のものまで複数ある。開花時期は７〜11月。写真の久留米ケイトウのなかでもオレンジ色は色を出すのが難しい。花色が濃く、鮮度がよいものを選んで。

4 スプレーバラ
色もち ★★★

ヨーロッパ、アジアなどが原産。花色は赤、ピンク、オレンジ、白など。草丈は100〜150cm。開花時期は５〜７月。１本の茎から枝分かれして小さめなバラが咲くのが特徴。「もともと乾きやすく数日程度で乾きますが、32〜33ページの方法だと乾燥も早く、発色もよくなります」

Level 1

5 スターチス
色もち ★★★★

ヨーロッパ、北アフリカ原産。花色は白、赤、ピンク、黄、青、紫など。草丈は10〜150cm。開花時期は５〜７月。「花びらに見えるところはガクになります。もともと水分が少ない花なので３日ぐらいで乾きますが、鮮度が悪いものを干すと花落ちしやすくなります」

6 スモークツリー
色もち ★★★

ヨーロッパ、ヒマラヤ、中国原産。花色は黄、ピンク、白、赤など。樹高は３〜４m。開花時期は６〜７月。「瓶に挿しておくだけでドライになる手間いらずな花です」。咲いているときにグリーン系からピンク系に変わる品種もある。ニュアンスカラーと独特の質感が人気。

7 ラクスパー
色もち ★★★

南ヨーロッパ、地中海沿岸が原産。花色は、青、紫、白、ピンク。草丈は80〜100cm。開花時期は５〜６月。「花びらに見える部分は苞と呼ばれる葉が進化したもので、蒸れに弱く鮮度が悪いと干しても花落ちします。鮮度のよい花を選んでください」。花色が濃いほど色もちがいい。

6 [Smoke Tree]
5 [Statice]
3 [Keitou]
デルフィニウム
➡80ページ
7 [Larkspur]

[**Seiyou shakuyaku**]

| Dried flower |

| flower |

西洋シャクヤク

色もち ★★★★

ヨーロッパ原産。花色は赤、ピンク、白、黄、紫など。草丈は60〜100cm。開花時期は５〜８月。「花の根元が蜜でベタベタしていたら、ぬれ布巾で拭き取ってから干すこと。乾きやすいものの、咲きすぎた花を干すと、花びらが散りやすいので満開の一歩手前で干して」。湿気に強く濃い色は一年以上もつ。

[**Lilac**]

| Dried flower |

| flower |

ライラック

色もち ★★★

ヨーロッパ南東部、東アジア原産。花色は紫、淡いピンク、白など。樹高は２〜５m。開花時期は４〜６月。「数日で乾きます。また乾燥後、生花のときと違う色になることも。写真の淡いピンクのライラックは青紫色になりました。これも花のもつ神秘で、ドライフラワーの奥深さですね」

[**Delphinium**]

| Dried flower |

| flower |

デルフィニウム

色もち ★★★★

ヨーロッパ、中央アジア原産。花色は白、ピンク、青、紫など。草丈は20〜150cm。開花時期は５〜６月。「花が小ぶりなものは乾燥させるととても小さくなりますが、大ぶりなもの（ジャイアントタイプ）は、さほどサイズが変わりません。全般的に色もちはよく、濃い青は特にいいです」

[Kinsenka]

| Dried flower |

| flower |

キンセンカ

色もち ★★

地中海沿岸原産。花色はオレンジ、黄、白など。草丈は10〜60cm。開花時期は12〜5月。干すタイミングでボリュームが変わるので、大きなドライにしたい場合は、満開(写真右)を待って干す。「花びら1枚1枚がきれいに縮んで見栄えがよくなります」。オレンジ、黄色は生花より色が濃くなる傾向に。

[Marigold]

| Dried flower |

| flower |

マリーゴールド

色もち ★★★

メキシコ、中央アメリカ原産。花色はオレンジ、黄、白、赤など。草丈は20〜100cm。開花時期は5〜11月。八重咲き、一重咲きなどがある。写真は八重咲きのアフリカンマリーゴールド。「キンセンカと似ていますが、色もちがいい。硬くなるので湿気に強く、八重咲きの花はボリュームも残ります」

[Veronica]

| Dried flower |

| flower |

ベロニカ

色もち ★★★

北半球原産。世界に450種類あり、花色も紫、濃いピンク、青、白などさまざま。草丈も10〜100cmと多種。開花時期は4〜11月。「写真のものはベロニカ スピカータ ローズ。鮮度がよく葉が緑色のときに干してください。鮮度が落ちると茶色くなる傾向に」。作品にインパクトを出すのに効果的。

[**Harujion**]

| Dried flower |　　　| flower |

ハルジオン

色もち ★

北アメリカ原産。花色はピンク、白、薄紫など。草丈は50〜200cm。開花時期は４〜６月。「咲きたての花びらがピンク色の花を干すときれいなドライに。咲いて数日過ぎてしまうと、花芯が黒いドライになりやすいです。道端で見かける草花なので、自分で育ててみるのもおすすめですよ」

[**Sunflower**]

| Dried flower |　　　| flower |

一重咲き

八重咲き

ヒマワリ

色もち ★★

ミニヒマワリと呼ばれる矮性に品種改良されたヒマワリの一重咲きと八重咲き。花色はオレンジ。草丈は50〜100cm。開花時期は７〜９月。「蜜が出ていることが多いので、やさしく洗い流し水けを取って干すと茶色になりにくく虫もつきにくい。八重の乾燥期間は1週間〜10日ぐらいで、一重は数日」

[**Aster**]

| Dried flower |

| flower |

アスター

色もち ★★

中国原産。花色は紅赤、ピンク、紫、青、白など。花姿はほうき立ち性が主で6種類ほど。草丈は40～80cm。開花時期は6～9月。「花が散りやすいので新しいものを干すこと。新しいほど花色がよく、生花より1～2トーン濃い花色に。赤や青は色もちがよく、薄い色は1～2カ月で退色が始まります」

[**Echinacea**]

| Dried flower |

| flower |

エキナセア

色もち ★★

北アメリカ原産。花色はオレンジ、赤、ピンク、黄、白、緑など。草丈は30～100cm。開花時期は6～8月。花色によって乾燥後の色が大きく変わる。写真の緑は色が残りやすいが、薄いピンクなどは残りにくい。「色もちも薄い色で3カ月、濃い色で半年程度を目安にしてください」

[**Hatsuyukisou**]

| Dried flower |

| flower |

ハツユキソウ

色もち ★★

熱帯アフリカ原産。花色は白。草丈は50～70cm。開花時期は6～9月。「白とグリーンのコントラストがきれいなドライになります」。乾燥期間は茎の太さによるが10日～2週間。風通しのいい所に干して気長に待つ。「茎から樹液が出るので、肌が敏感な方はゴム手袋を着用し、かぶれに注意を」

[**Rose**]

| Dried flower | | flower |

リリーナ

色もち ★★★

ライラッククラシック

色もち ★★★

イエローベイブ

色もち ★★

バラ

リリーナの乾燥期間は１週間〜10日程度。ライラッククラシックは数日〜１週間。イエローベイブは数日が目安。「どのバラも、花のつけ根の茎の皮を薄く削いで干しました。２日間ほど乾燥期間が短縮でき、花色が濃くなっています。めんどうでも、このひと手間が花色を出す分かれ目になります」

[**Keitou**]

| Dried flower |

| flower |

ケイトウ(赤)

色もち ★★★★

「初夏から夏に咲いた新鮮な花を選ぶと鮮やかなドライに。秋冬にかけて咲いたケイトウは黒くなりがちで、一番発色しやすいのは濃いピンク、次に赤、オレンジの順です。まずは濃いピンクからお試しを。乾燥期間は1週間程度。生花のときより花色は濃くなり、形をキープします」

[**Ranunculus**]

| Dried flower |

| flower |

ラナンキュラス

色もち ★★

西アジアからヨーロッパ東南部原産。花色は黄、白、赤、ピンク、紫、オレンジなど。草丈は30〜50cm。開花時期は3〜5月。「咲ききってから干すと、花びらが散ってしまうので、満開の一歩手前（写真右）で干します。数日から1週間で乾燥します」

[**Kikyou**]

| Dried flower |

| flower |

キキョウ

色もち ★

日本を含む東アジア原産。花色は紫、ピンク、白など。草丈は15〜150cm。開花時期は6〜10月。「新鮮なうちに干すと色鮮やかに。鮮度が落ちてから干すと色あせてしまいます」。数日できれいなドライフラワーに。花びらは内側に縮む。茎から出る白い液体でかぶれることがあるので注意。

難しい品種も季節を変えると成功することがあります。ぜひチャレンジを！　Level 3

[Calla]

| Dried flower |

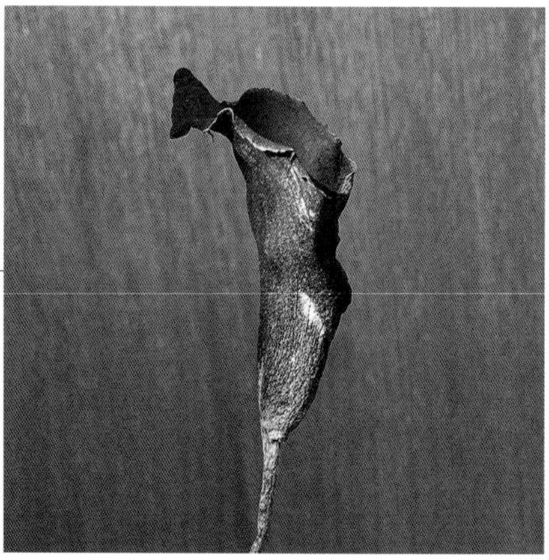

| flower |

カラー

色もち ★★★

南アフリカ原産。花色は白、紫、ピンク、緑など。草丈は30〜100㎝。開花時期は４〜７月。花びらに見える部分は苞。苞が肉厚で茎も太く水分が多いため、乾燥に２週間ぐらいかかることもある。スタイリッシュで存在感があるので、ブーケやスワッグの花材にも向いている。花瓶に飾るだけでも素敵。

[Toruko kikyou]

| Dried flower |

| flower |

トルコキキョウ

色もち ★★★

アメリカ原産。花色はピンク、紫、白、赤、青など。草丈は20〜120㎝。開花時期は５〜９月。キキョウと名がついているが、リンドウの仲間。「とても乾燥しにくい花です。春夏は難しいので、挑戦するなら秋冬に。乾燥には１カ月程度かかることも。エアコンが効いた室内で気長に干してください」

[Gerbera]

| Dried flower |

シリカゲルを使用

自然乾燥

| flower |

ガーベラ

色もち ★

南アフリカ原産。花色はピンク、黄、オレンジ、紫など。草丈は25〜70㎝。開花時期は４〜６月、10〜11月。「定番の花ですが、ドライにするのはなかなか難しい。自然乾燥だと、写真中央のように縮むことが多いので、花の形状を保ちたい場合は、シリカゲルを使ってみてください（33ページ参照）」

[**Dahlia**]

| Dried flower |

| flower |

ダリア

色もち ★★★

メキシコ原産。花色はオレンジ、ピンク、紫など。草丈は20〜200cm。開花時期は6月中旬〜11月。花弁が幾重にも重なる牡丹調から一重咲きまで品種は世界に2万ほども。写真はボール咲き。乾燥した場所で吊るして干せば1週間程度でドライに。「濃い色ほど色もちがいいですよ」

[**Pom pom mum**]

| Dried flower |

| flower |

ポンポンマム

色もち ★★

オランダ原産。花色は白、ピンク、赤、オレンジ、緑など。草丈は10〜50cm。開花時期は9〜11月。「秋冬に乾かすと一番きれいな色になります。写真の緑色は、濃い色を選んで乾燥させたもの。菊は春夏にドライにするのは難しいので、秋冬に挑戦を。もとの花色が鮮やかな花のほうが発色しやすいです」

[**Freesia**]

| Dried flower |

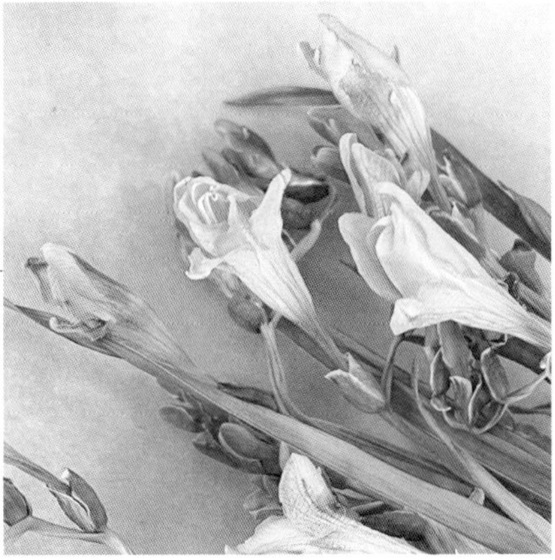

| flower |

フリージア

色もち ★★

南アフリカ原産。花色は黄、紫、ピンク、白、オレンジなど。草丈は20〜50cm。開花時期は3月中旬〜5月中旬。一重咲きと八重咲きがあり、白花と黄花は香りが強い。「球根植物で保水量が多いので、乾燥するまで2〜3週間かかります。エアコンが効いた室内で気長に干してください」

ドライフラワーにしやすい葉もの

アレンジメントに使いやすいリーフ類のご紹介。
切り花で売っていないものは
庭やベランダで育ててドライにするのも手です。

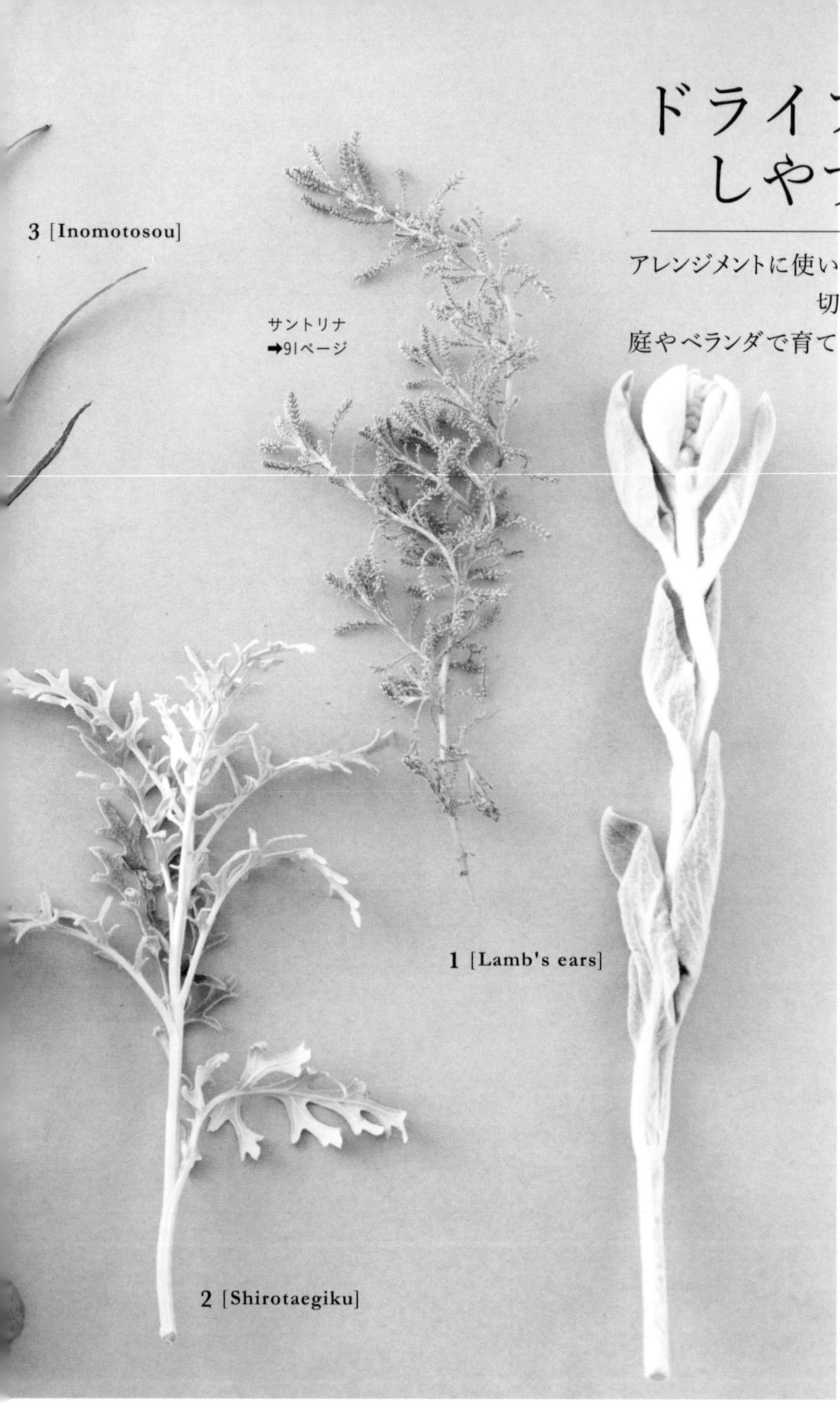

Level 1

3 イノモトソウ
色もち ★★

日本の本州、四国、九州、台湾などに自生。原産地は不明。葉色は銀葉。草丈は5〜10㎝。シダの仲間で、石垣などに生えていることが多い。細長い葉がノコギリのようにギザギザしている。乾燥は早く２〜３日でドライになる。「乾くと葉先がカールして可愛いですよ」

2 シロタエギク
色もち ★★★★

地中海沿岸原産。葉色はシルバーがかった薄緑。草丈は10〜60㎝。白い産毛に覆われたシルバーリーフの仲間で、黄色い花を咲かせる。「春夏の葉より、秋冬の葉のほうが壊れにくいドライになります。草丈が長いのでリースやスワッグなどの作品を作る際にも活躍しますよ」

1 ラムズイヤー
色もち ★★★★

オーストラリアを除く温帯、亜熱帯地方原産。葉色は銀色がかった薄緑。草丈は30〜100㎝。初夏に紫やピンクの小さい花を咲かせるハーブの一種。「数日〜1週間程度で乾き、サイズもほぼ変わらないものの非常にもろいのが難点。色もちはよく、1年くらいキープできます」

7 クサコシ
色もち ★★

日本全域の河川、北半球に自生。原産国は不明。葉色は緑。草丈は60〜100cm。「笹の葉を細くしたような形で、一年じゅう緑色をしています。乾燥も早く２〜３日でドライになります」。若く柔らかな葉よりある程度硬くなった葉のほうが、形のいいドライになりやすい。

6 ティーツリー
色もち ★★★

オーストラリア原産。葉色は緑、銀葉。常緑高木で樹高５〜６m。「精油でも有名なティーツリー。繊細で細く細かい葉でドライにしてもさわやかな香りはそのままです。３〜４日程度で乾きます。初夏にフワフワとした羽毛状の白い花を咲かせ、その花もドライ素材として最適です」

5 ユーカリ
色もち ★★★

オーストラリア原産。葉色は銀葉。常緑高木で樹高５〜10m。葉の形が丸葉、細葉、糸葉に分けられる。「写真は銀世界という品種で、丸みを帯びた葉。どの葉も乾きやすく２〜３日でドライになります」。ドライ後も色はあまり変わらないが、濃く変化する場合もある。

4 カタヒバ
色もち ★★★

宮城県以南の本州、四国、九州、沖縄、台湾などに自生。原産国は不明。葉色は緑。草丈は20〜40cm。寒くなると紅葉する。数日で乾くドライにしやすい葉で、乾いてもパリパリせず壊れにくいため扱いやすい品種。葉先がカールするので、表情が生まれやすい。

[**Seiyou ninjinboku**]

| Dried leaf |

| leaf |

セイヨウニンジンボク

色もち ★★★

ヨーロッパ南部原産。葉色は表は緑、裏が紫。低木で樹高２～５m。「葉の表側と裏側の色が違うとてもニュアンスのある葉です。写真はプルプレアという品種」。乾燥は３～４日。乾燥しても葉色が変わらずアレンジメント向き。どんな花にも寄り添う名脇役のリーフのひとつ。

[**Pearl acasia**]

| Dried leaf |

| leaf |

パールアカシア

色もち ★★★

オーストラリア原産。葉色は銀葉。常緑樹で樹高は１～３m。「丸みを帯びた葉に短い毛が起毛して、ベルベットのようななめらかさ。葉と茎が白く見えることからパールアカシア、丸葉アカシアとも呼ばれています」。ドライ後半年ぐらいで退色が始まるが、その後、赤っぽい色に変化する。

[**Ruscus**]

| Dried leaf |

| leaf |

ルスカス

色もち ★★

カナリア諸島原産（写真の丸葉ルスカスの場合）。葉色は濃い緑。樹高は60～70cm。葉に見えているのは、枝が変形したもので葉状枝といい、白い点に見えるのが花。強健な葉でドライにしても形はさほど変わらず、数日でドライになる。丈夫で扱いやすいので、スワッグやアレンジメントに最適。

[**Santolina**]

| Dried leaf |

| leaf |

サントリナ

色もち ★★★★

地中海沿岸原産。葉色は、銀色がかった薄緑。花木で丈は30〜50㎝。細く繊細な形をしたシルバーリーフ。４〜５日でドライになり、形もほぼ変わらないが、若葉よりはしっかり育った葉のほうが壊れにくい。「アレンジメントに使うときは、乾燥しきる手前の９割乾いたころで使って」

[**Kinpouju**]

| Dried leaf |

| leaf |

キンポウジュ

色もち ★★★

オーストラリアなどが原産。葉色は濃い緑。常緑樹の低木で樹高２〜３m。別名「ブラシの木」。５月に赤いブラシのような花を咲かせる。乾燥後も葉は落ちにくく、素材としては丈夫。「細葉はリースに、太葉はスワッグに。とても使い勝手のいい葉っぱです」。赤い花もワイルドな姿のドライになる。

[**Dodonaea**]

| Dried leaf |

| leaf |

ドドナエア

色もち ★★

オーストラリア原産。葉色は、品種によるが緑、紫(冬)。常緑低木で120〜300㎝。ドライになっても葉が落ちにくいので重宝。緑の葉は濃い緑色に。紫の葉は黒に近い茶色に変わる。「地味な葉の形に見えますが、リース作りでもアレンジメントでも活躍するので、ドライにして使ってみてください」

生花のころより
鮮やかに発色するものもあるのが
ドライフラワーの不思議。
美しい花の色彩に触れると
人は元気になれるような気がします。

It's curious how dried flowers often have better color than fresh flowers.
The vibrant colors of beautiful blossoms have a way of energizing us.

epilogue

生花を乾燥させると、色あせてシワが寄るという、ネガティブな印象をもたれている方も多いのでは？　実際、ただ干すだけでは、みずみずしさが損なわれただけになってしまうかもしれません。乾燥させてもなお、鮮やかな花を作りたいと研究を続けているうちに、ふと思ったことがあります。

ドライフラワーに変化した花が再び輝いていく様は、まるで女性の人生のようだな、と。そこにシワがあっても傷があっても、あたたかみと深みを増した美しさがあると、私は思っています。

ドライフラワー作りというのは、花の第二の人生のお手伝い。そこに愛情と手間ひまをかけることで、よりいっそう輝いてくれる。私たちの人生も、きっと同じだと思うんです。「七色星《なないろほし》花《か》®」は、誰かの人生を彩る存在でありたいと願いを込めました。

暮らしにいつも、花を。

ドライフラワーは、花のある日常を長く送るための知恵。

この本が、みなさまの花のある暮らしに役立ちますように。

ドライフラワーアーティスト　takako

ドライフラワーアーティスト
takako
特許取得のオリジナルドライフラワー
「七色星花®」考案者。
ドライフラワーとリース作りのレッスン、
プロ養成の研究コースを主宰。
教室のお問い合わせ／インスタグラム@ajitosaba

STAFF
撮影／落合里美　takako
取材・文／小山邑子　編集部
デザイン／ohmae-d（中川 純）
校閲／K.I.A
イラスト／シホ

参考文献
『「ドライフラワーの名前」300がよくわかる図鑑』
（主婦と生活社）
『趣味の園芸』
（NHK出版）

生花を超えた魔法の花色
世界で一番美しい**ドライフラワー**

著　者　takako
編集人　東田卓郎
発行人　倉次辰男
発行所　株式会社 主婦と生活社
〒104-8357　東京都中央区京橋 3-5-7
https://www.shufu.co.jp/
編集部　TEL03-3563-5129　FAX 03-3563-5273
販売部　TEL03-3563-5121
生産部　TEL03-3563-5125
製版所　東京カラーフォト・プロセス株式会社
印刷所　大日本印刷株式会社
製本所　小泉製本株式会社

ISBN978-4-391-16046-8

十分に気をつけながら造本しておりますが、万一、乱丁・落丁その他の不良品がありました場合には、お買い上げになった書店か、小社生産部へお申し出ください。お取り替えさせていただきます。

一般社団法人テーブルウェアスタイリスト連合会（TWSA）公式スタイルブック

スタイリストが実践！

好きなものと上手につき合うインテリア

プロップスタイリスト
二本柳志津香
Shizuka Nihonyanagi

主婦と生活社